Gisbert Greshake
Selig, die nach der Gerechtigkeit dürsten

Gisbert Greshake

SELIG
DIE NACH DER
GERECHTIGKEIT
DÜRSTEN

HILDEGARD BURJAN
LEBEN · WERK · SPIRITUALITÄT

Tyrolia-Verlag · Innsbruck-Wien

Mitglied der Verlagsgruppe „engagement"

Bibliografische Information Der Deutschen Nationalbibliothek
Die Deutsche Nationalbibliothek verzeichnet diese Publikation in der Deutschen
Nationalbibliografie; detaillierte bibliografische Daten sind im Internet über
http://dnb.d-nb.de abrufbar.

2008
© Verlagsanstalt Tyrolia, Innsbruck
Umschlaggestaltung: Tyrolia-Verlag
unter Verwendung eines Bildes aus dem Archiv der CS
Alle Bilder: Gisbert Greshake bzw. Archiv der CS
Layout und digitale Gestaltung: Tyrolia-Verlag
Lithografie: digi-service, Innsbruck
Druck und Bindung: Moravia Books (CZ)
ISBN 978-3-7022-2957-3
E-Mail: buchverlag@tyrolia.at
Internet: www.tyrolia-verlag.at

Inhalt

Zum Geleit

Man begegnet ihnen überall dort, wo das Leben sich verdichtet – an den unterschiedlichsten Orten, vor allem aber, wo Menschen in Not sind, in Grenzsituationen, am Anfang wie am Ende des Lebens. Sie betreiben „Mutter&Kind"-Wohnheime, Kindergärten und Horte, sie haben einen offenen Mittagstisch und sie begleiten in ihren Hospizen Menschen in Würde und in manchmal – fast möchte man sagen – fröhlicher Geborgenheit auf ihrem Weg in die ewige Heimat. Sie sind in der Regel mittleren Alters, tragen keine Tracht und sind doch eine Ordensgemeinschaft: die Schwestern der Caritas Socialis.

„An ihren Früchten werdet ihr sie erkennen", heißt es bei Matthäus (7,16 f) und *„jeder gute Baum bringt gute Früchte hervor ..."* Die Schwestern der Caritas Socialis sind die unübersehbaren guten Früchte eines starken Baumes – einer starken Frau. So freut es mich, dass Univ.-Prof. Dr. Gisbert Greshake, der den Schwestern eng verbunden ist, aus seiner besonderen Kenntnis der Gemeinschaft heraus ein dichtes Lebensbild von deren Gründerin gezeichnet und dabei in besonderer Weise die Spiritualität Hildegard Burjans herausgearbeitet hat.

„Die schönsten Worte nützen nicht viel, wenn ihnen nicht das praktische Beispiel des Lebens folgt", pflegte Kardinal König, mein Vorvorgänger auf dem Wiener Erzbischöflichen Stuhl, zu sagen, der bereits im Jahr 1963 den Seligsprechungsprozess für Hildegard Burjan eingeleitet hatte.

Zwar war die Gründerin der Caritas Socialis sehr wohl auch eine Frau des Wortes – ihre Wortmeldungen zu sozialen Themen im Gemeinde- und Nationalrat ließen immer wieder aufhorchen – aber sie war vor allem eine Frau der Tat, die die Lücke im kirchlichen Angebot der Zeit erkannte und daraus die Konsequenzen zog: eine *„Hilfstruppe Gottes"* zu versammeln, die unerschrocken Neuland im Bereich der sozialen Arbeit, und das in besonderer Weise auch für Frauen, betreten sollte.

Dass eine solche Lebensweise gelingt, dazu braucht es eine besonders intensive religiöse Führung und Vertiefung. Auch darüber hat sich Hildegard Burjan viele Gedanken gemacht. Denn ohne feste Verankerung im Herrn ist ein Leben an den Grenzen des Lebens auf Dauer nicht möglich. Sie hat selbst die eindrucksvolle Antwort gegeben. Auf die Frage, *„ob es möglich ist, Martha und Maria zugleich zu sein?"*, antwortete sie: *„Ganz sicher – und es ist das große Ideal, das wir versuchen wollen, mit aller Kraft in der Caritas Socialis zu erreichen!"*

Das bedeutet nicht mehr und nicht weniger als das Herzstück christlichen Lebens – die ewige Spannung: *„Leben nach dem Evangelium"* und/oder *„Leben in der Welt"*. Hildegard Burjan hat sie für sich und ihre Gemeinschaft vielleicht nicht ganz gelöst, wohl aber den unerschütterlichen Willen bekundet, sie solange auszuhalten, bis sie einmal gelöst sein wird, bis Leben und Glauben auch sichtbar eins geworden sind – eine Herausforderung, die seit über 2.000 Jahren nichts an Aktualität eingebüßt hat.

Aus diesem Grund begrüße ich das vorliegende Buch, das sich in eindrucksvoller Weise mit der Spiritualität der Gründerin der Caritas Socialis auseinandersetzt, und hoffe, dass damit ein weiterer Schritt auf dem Weg zur schon lange erwarteten Seligsprechung dieser großen und starken Frau der Kirche getan wird!

Wien, im September 2008
✠ *Christoph Kardinal Schönborn*

Vorwort

Die Verehrung von Heiligen und Seligen – beides soll im Folgenden nicht unterschieden werden – ist (ganz auf der Linie jüdischer Vorbilder) von früher Zeit an in der Kirche anzutreffen und bis heute in ihr lebendig. Doch tragen die Motive dafür unterschiedliche Akzente. So wurden in den *ersten christlichen Jahrhunderten* als Heilige vor allem die Märtyrer verehrt, die als Zeugen des Glaubens in die himmlische Heimat „vorausgegangen" waren, aber in der Gedächtnis- und Gebetsgemeinschaft der Kirche sowie durch ihr Grab (Reliquien) wirkmächtig unter den Lebenden gegenwärtig blieben und fürbittend bei Gott für sie eintraten. Ab dem 3. Jahrhundert wurde die Verehrung auch auf die sogenannten „unblutigen Märtyrer" ausgedehnt, d. h. auf Christen, die ihren Glauben gegen alle Anfechtungen und Schwierigkeiten vorbildlich gelebt hatten. Im *Mittelalter* wurde besonders die Fürbitte der Heiligen herausgestellt und durch den Patronatsgedanken konkretisiert: Einzelne Personen und Gemeinden, Berufsgruppen und Nationen hatten besondere Heilige als Patrone (Namens-, Stadt-, Zunft-, Landespatrone), die um Fürsprache und Vermittlung bei Gott angerufen wurden. Da die Reformation gegen die Idee der Fürbitte und Vermittlung der Heiligen Einspruch einlegte, deren bleibendes Sündersein herausstellte und sie – wenn überhaupt – nur als ein gewisses Vorbild und Beispiel gelten ließ, unterstrich die katholische Kirche in der *Neuzeit* die Fürbitter-Rolle der Heiligen noch einmal mehr und stellte sie zudem sowohl als anschauliche Zeichen der Gnade Gottes, die sich in ihrer heiligenden Kraft an ihnen herrlich erwiesen hat, wie auch als konkrete Verwirklichungen der Heiligkeit der Kirche heraus. Und in der *Gegenwart*?

Im Jahre 2000 wurde ein Dokument der Deutschen Bischofs-konferenz und der Vereinigten-Evangelisch-Lutherischen-Kirche Deutschlands mit dem Titel „Communio sanctorum. Die Kirche als Gemeinschaft der Heiligen" veröffentlicht, in dem man hin-sichtlich der Heiligen zu folgender ökumenischer Übereinstim-mung kommt: „Die ganze Existenz der Heiligen ist bis in die Wurzeln hinein geprägt und zur Reife gebracht worden durch die Gnade Christi. Ohne diese sind sie für die Kirche ohne Bedeutung, durch sie aber werden sie zu Zeugen der Liebe Gottes zu den Men-schen. Dadurch werden sie für unseren Glauben zu helfenden Vor-bildern."

„Helfende Vorbilder"! In diesem Gedanken ist wohl auch das vorrangige Motiv angegeben, weshalb heute die Heiligen Interesse finden. Man fragt: Was steckt in ihrem Leben an Vorbildlichkeit für uns? Welche geistlichen Impulse darin können uns weiterhelfen? Welche Bedeutung hat die Spiritualität, die sie gelebt, vielleicht sogar initiiert haben, für uns heute?

Eben dies ist auch die eigentliche Fragestellung des vorliegen-den Büchleins: Was hat uns, der gegenwärtigen Kirche und heuti-gen Gesellschaft, Hildegard Burjan[1], die aller Voraussicht nach bald selig gesprochen wird, zu sagen? Welche spirituellen Anregungen gehen von ihr aus? Welches Potential an Impulsen lässt sich bei ihr für eine zeitgemäße Spiritualität finden? Mit diesen Fragen sind Le-ben und Werk Hildegard Burjans in eine ganz bestimmte Perspek-tive gestellt, so wie es auch schon bisher viele unterschiedliche Ge-sichtspunkte gab, unter denen sie betrachtet wurde: als „Pionierin der Nächstenliebe" (Hildegard Waach), als „Gründerin der Caritas Socialis" (Irmgard Burjan-Domanig), als „Sozialpolitikerin" und „Frauenführerin" (Michaela Sohn-Kronthaler; Ingeborg Schödl). Indem die vorliegende Schrift Hildegard Burjan in den bisher nur selten behandelten Horizont von Spiritualität stellt, greift sie auch

Anfragen auf, die im Vorfeld der Seligsprechung kritisch an sie gerichtet wurden: Niemand hat je bezweifelt, dass sie eine innovative und vorwärtsdrängende Rolle im österreichischen Sozialkatholizismus und im Bereich der Frauenpolitik spielte, aber ist sie deswegen schon eine Heilige? Worin liegt ihre geistliche Kraft? Was macht ihre Spiritualität aus? Was trägt sie zur großen Geschichte der spirituellen Gestalten quer durch die Jahrhunderte bei?

Zur Behandlung dieser Fragen hat dieses Büchlein zwei unterschiedliche, freilich einander auch gelegentlich überschneidende Teile. Zunächst geht es darum, Leben und Werk Hildegard Burjans in den wichtigsten Zügen darzustellen: Wer war diese Frau, deren Leben in einer ungeheuren Spannungsbreite verlief? Sie lebte als Dame der höheren Gesellschaft *und* zugleich als Sozialarbeiterin auf unterster Ebene; sie war Gattin, ja sogar Mutter, *und* Gründerin und Oberin einer Geistlichen Gemeinschaft; sie stellte sich als selbstbewusste Sozial- und Frauenpolitikerin dar *und* war zugleich demütig-fromme Tochter ihrer Kirche.

Sodann gilt es im Zweiten Teil auf dem Hintergrund dieses – im wahrsten Wortsinn – „spannenden", ja „zerspannten" Lebens, jene besonderen Faktoren herauszustellen, die ihre Spiritualität charakterisieren und für uns von Bedeutung sind.

Ich widme das Büchlein dankbar den Schwestern der „Caritas Socialis", die mir auch bei seiner Erstellung zur Seite standen. Besonders bin ich ihrer Generalleiterin, Schwester Maria Judith, für die kritische Textdurchsicht und eine Reihe wichtiger Anregungen zum Dank verpflichtet. Gefreut habe ich mich über das Geleitwort von Kardinal Christoph Schönborn. Dem Tyrolia-Verlag sei für die verlegerische Betreuung gedankt.

Freiburg-Wien, am 11. Juni 2008,
dem 75. Todestag von Hildegard Burjan,
Gisbert Greshake

Erster Teil

Hildegard Burjan:
ihr Leben, ihre Zeit, ihr Werk

1. Kindheit und Jugend

Hildegard Burjan[1] wurde am 30. Januar 1883 unter dem Namen
Hildegard Lea Freund in Görlitz (Neiße), das damals zu Preussisch-
Schlesien gehörte, als zweites Kind in eine gutsituierte jüdische
Mittelstandsfamilie geboren. Ihr Vater Abraham Adolph übte den
Beruf eines Kaufmanns aus und war bei ihrer Geburt 41 Jahre alt.
Die Mutter Berta, geb. Sochaczewska, die aus einer kulturell auf-
geschlossenen Familie stammte, hatte – damals eher die Ausnahme
– die sogenannte Höhere Schule besucht und war bei der Geburt
Hildegards 29 Jahre alt. Sie war gebildet, belesen und geistig hoch-
interessiert. Die um vier Jahre ältere Schwester von Hildegard,
Alice, beschreibt die Mutter als eine „ernste, hervorragend kluge
Frau, die dabei äußerst konziliant, liebenswürdig und hilfsbereit"
war, alles Eigenschaften, die sie gewissermaßen als Erbe an Hildegard weitergegeben hat.
  Der jüdische Glaube wurde, wie bei so vielen anderen europäi-
schen Juden dieser Zeit, im Hause Freunds nicht praktiziert. Auf
dem offiziellen Taufzeugnis Hildegards steht in der Rubrik „Religion" des Vaters *und* der Mutter jeweils die Antwort eingetragen:
„ohne Religion". Dementsprechend spielten Gott und Glaube

Bild oben: Hildegard (rechts) mit ihrer Mutter und der um vier Jahre älteren Schwester Alice.

Bild rechts und Seite 16: Als Schulmädchen und als sogenannte „Höhere Tochter": Beide Male die gleichen hellwachen Augen und der entschiedene, klare Blick.

auch in der Erziehung keine Rolle, doch vermittelten die Eltern ihren Kindern die Prinzipien rechten Verhaltens, vor allem die Grundzüge wahrer Menschlichkeit und Gerechtigkeit sowie den Sinn der Verantwortung für andere. Nicht zuletzt waren sie auf eine erstklassige Ausbildung ihrer Kinder bedacht.

Zwei Szenen aus der Kindheit Hildegards lassen gleich einem allerersten „Vorzeichen" etwas von dem aufleuchten, was für sie später lebensbestimmend sein wird:

(1) Hilde – wie man sie in der Familie nannte – wird uns als ein überaus gutmütiges und zufriedenes Kind geschildert und als unerschöpflich in selbsterfundenen Spielen. Dabei wurde sie als ungefähr Dreijährige von ihrer Mutter nicht selten bei folgendem Spiel beobachtet: Sie baute in einem wohlgeordneten Halbkreis ein „Auditorium" von Puppen, Schachteln, Sofakissen und Stühlen um sich auf, um dann vor diesen „Zuhörern" Reden zu halten oder Erzählungen von sich zu geben. Irmgard Burjan-Domanig, spätere engste Mitarbeiterin von Hildegard und zweite Gattin ihres Mannes, der wir viele Überlieferungen und unter anderen auch dieses Detail verdanken, bemerkt dazu: „Dies war umso verwunderlicher, als das Kind keine Gelegenheit gehabt hatte, etwas Derartiges zu sehen, sie war auch nie in einem Tempel oder einer Kirche gewesen. Es waren die ersten Anzeichen einer Begabung, die sie zur besten Rednerin ihrer Zeit machte."[2]

(2) Unvergesslich blieb Hildegard folgende Erinnerung, die sie als eine Art „Schlüsselerlebnis" ein Leben lang in sich trug und weitererzählte: Vom Fenster ihres Kinderzimmers aus sah sie eines Abends weißgekleidete Schwestern, wie diese in einem Garten auf- und abgingen und ein friedvolles, eintöniges Gemurmel von sich gaben.[3] Als die Mutter ins Zimmer kam und das „Kommando" gab: „Rasch ins Bett!", entgegnete Hildegard: „Pst, Mutti, schau – die schönen weißen Frauen –, wer ist das, was tun sie nur?" – „Das

sind Nonnen, sie beten." – „Was ist das, Nonnen? Was ist beten?" – „Das verstehst du nicht, wenn du einmal groß bist, wirst du darüber Geschichten lesen. Komm jetzt in dein Bett!" Die Kleine war nicht zu beruhigen. „Mutter, was beten die Frauen?" – „Sie beten zu ihrem Gott." – „Wo ist Gott? Warum beten sie, statt zu schlafen?" Darauf wusste die Mutter keine Antwort.

„Wenn du groß bist …" Hildegard lag noch lange mit weit offenen Augen da. „Nonnen? Sie beten zu ihrem Gott? Wer ist Gott? Wenn diese schönen Frauengestalten zu Gott beten, wie schön muss dann Gott sein … Und wie schön muss es sein, wenn man zu Gott beten kann!" Es fasste sie eine so heiße Sehnsucht, dass es ihr das Herz verwundete. Schluchzend vergrub sie sich ins Kissen: „Gott, ich möchte auch beten!"

Nie – so heben Zeitgenossen von Hildegard Burjan hervor – vergaß sie dieses Erlebnis und bezeichnete es selbst als den ersten Schritt auf ihrem langen Weg der Wahrheitssuche.

So zeichnen diese beiden „Kinderszenen" symbolisch zwei Grundmuster ihres Lebens voraus: Ihre rednerische und kommunikative Begabung sowie ihr Fragen und Suchen nach Gott.

In Berlin, wohin die Familie wegen des Berufes ihres Vaters übersiedeln musste, besuchte Hildegard das Lyzeum, was damals für Frauen alles andere als selbstverständlich war. Schon während der Schulzeit erwies sie sich als hochbegabt mit einer bemerkenswerten Fähigkeit und Neigung zur nüchternen, analysierenden, verstandesmäßigen Auseinandersetzung mit der Wirklichkeit, Eigenschaften, die sie ein Leben lang auszeichnen werden. Diese Charakteristika führten sie auch dazu, sich schon als junge Frau ganz bewusst und energisch ihr Lebensziel zu entwerfen: Sie wollte eine in sich selbst stehende „ethische Persönlichkeit" werden, ein Mensch, der geistig gebildet ist, harmonisch in sich selbst ruht und aus der Fülle des eigenen inneren Reichtums heraus dann auch andere beglücken kann. Von dieser für sie typischen Haltung, in energischer Entschlossenheit ihr Leben zu planen, zeugt die erste Seite ihres damaligen, nur bruchstückhaft erhaltenen Tagebuches, auf dem die Zeilen stehen:

„Zum *Licht* empor mit klarem Blick,
Ein Vorwärts stets, nie ein Zurück,
Ein frohes Hoffen, kühnes Streben,
Ein schnelles Handeln auch daneben,
Dann hat das Dasein Zweck und Ziel –
Wer Großes will, erreicht auch viel (Lindenberg).“[4]

In der Tat war Hildegard schon als Schülerin ungeheuer strebsam und ganz auf geistige Werte und verantwortliches Handeln ausgerichtet, allem äußerlichen „Krimskrams“, wie dem Interesse an Kleidung, modischen Accessoires und Freizeitvergnügen, an Herumflirten und Zeitverschwendung, abhold (mit Ausnahme einer Neigung zu gutem Essen). Ihr Leitbild einer „ethischen Persönlichkeit“ malt sie aus, wenn sie Jahrzehnte später einige Typen modernen Frauenlebens charakterisiert und dabei, vielleicht ohne sich dessen bewusst zu werden, ihr eigenes ehemaliges Idealbild wieder aufgreift. Sie spricht da – und zwar jetzt kritisch! – von einem Frauen-Typus,

„der sich gerade unter den geistig höher stehenden nicht selten findet. … Sie halten sich für die ‚Berufenen‘, die sich nur mit der eigenen Ausbildung beschäftigen, die alle Kulturgüter in sich aufnehmen, sich von den Schönheiten der Kunst und Kultur durchdringen lassen, um lichtvolle, harmonische, ganze Menschen zu werden, um andere aus der Fülle und dem Reichtum ihres Herzens zu beglücken.“[5]

Allerdings führte diese in ihrer Jugendzeit ganz auf die irdische Dimension beschränkte, nur-rationale und alles Religiöse ausklammernde Sicht des eigenen Lebens und der Welt letztlich zu einer pessimistischen Weltanschauung, die sie selbst im Rückblick auf ihr Leben als „Schopenhauerei" bezeichnete. Tatsächlich hatte sie noch bei ihrer schweren, an den Rand des Todes führenden Erkrankung in Berlin ganz aus dem Geist Schopenhauers folgenden Grabspruch verfasst:

> „Ist einer Welt Besitz für dich zerronnen,
> sei nicht im Leid darüber, es ist nichts!
> Und hast du einer Welt Besitz gewonnen,
> sei nicht erfreut darüber, es ist nichts!
> Vorüber geh'n die Schmerzen und die Wonnen,
> geht an der Welt vorüber, es ist nichts!"[6]

Diese Einstellung mit dem pointierten dreimaligen „Nichts" empfindet sie später als zutiefst sinnlos. Als viele Jahre nach ihrer Konversion jemand aus ihrer Bekanntschaft Suizid verübt, bemerkt sie ihrer Sekretärin gegenüber: „Wozu sollte man sich mit diesem sinnlosen Alltag herumschlagen, wenn man nicht ans Jenseits glaubt? Ich bin sicher, dass auch ich mir das Leben nehmen würde, wenn ich nicht gläubig wäre … Ich verstehe nicht, warum Menschen ohne Gottesglauben überhaupt leben können. Aber wahrscheinlich denken die einen gar nicht nach und die anderen ahnen ihn mehr, als ihnen bewusst ist."[7]

Solange Hildegard von einer rein vernunftbestimmten, immanenten und damit letztlich skeptischen Weltsicht bestimmt war, konnten Religion und Glauben, die sie damals als eine eher irrationale Gefühlssache ansah, nicht ihr Leben erreichen. Eine neue Dimension musste eröffnet und ein neuer Weg ihr plausibel werden, ein Weg, den Hildegard Waach, eine ihrer Biographinnen, so charakterisiert: „der Weg vom Verstand zum Herzen; die Absage jedes reinen Rationalismus in Sachen der Religion; das Aufdecken einer neuen Erkenntnisquelle neben der Vernunft: das ‚schauende Herz‘.“[8]

Erste Schritte dazu geschahen in Zürich. Hierhin war die Familie 1899 umgezogen, und Hildegard hatte zunächst hier und weiter dann in Basel ihre Schulzeit mit Auszeichnung beendet (1903). In Zürich begann sie als eine der damals wenigen Frauen ein Universitätsstudium; sie belegte an der Philosophischen Fakultät die Fächer Germanistik und Philosophie. Neben Vorlesungen über altgermanische und mittelhochdeutsche Philologie hörte sie unter anderen auch den Pädagogen Friedrich Wilhelm Foerster (1869–1966) und den Kulturphilosophen Robert Saitschik (1868–1965), die beide von der damaligen sogenannten Lebensphilosophie geprägt waren, einer philosophischen Richtung, die von einem theoretisierenden Rationalismus abrückte und stattdessen das Leben in all seiner Vielfalt und all seinen Facetten in den Vordergrund stellte. Foerster und Saitschik, beides evangelische Christen ohne kirchliche Bindung, waren es auch, die sie mit der Person Jesu Christi und dem christlichen Glauben bekannt machten, mehr noch: konfrontierten.

Bei beiden Professoren lernte sie ein Zweifaches: (1) Wahre Reformen der sozialen Verhältnisse setzen eine Reform im Inneren des Menschen voraus, und eben darin besteht die Bedeutung der Religion, dass sie den Menschen von innen heraus frei macht.[9] (2) Ein rein theoretischer Rationalismus vermag Gott nicht zu erreichen. So kann man etwa bei Saitschik lesen: „Gott offenbart sich nicht denen, die ihn durch mühsame Klügelei ergründen wollen; nur Herzensreinheit, Einfachheit der Seele findet den Zugang zum Unerforschlichen. … Unser Verstand soll von dem schauenden Herzen seine Weisung bekommen.“[10]

Als Studentin 1903 in Zürich.

Besonders Saitschik beeindruckte Hildegard tief. 1904 schreibt sie in ihr Tagebuch:

> „Wie recht hat Dr. Saitschik, wenn er sagt, ein Charakter ist für die Welt mehr wert als der größte Gelehrte. Was nützt das Anhäufen von Wissenschaft und sogenannter Erkenntnis, wenn der innere Mensch nicht emporsteigt. Fortschritt beruht im Letzten doch nur darauf, dass mehr und mehr Menschen sich zur Persönlichkeit entwickeln und auf die Menge wirken, ihre Umgebung mit emporziehen."[11]

Doch gerade weil sie selbstkritisch an sich bemerkt, wie sehr sie unter dem Einfluss von Saitschik stand, beschließt sie, um ganz „sie selbst" zu sein, für ein Semester zum Studium nach Berlin zu gehen. Im Tagebuch findet sich dazu die Bemerkung:

> „Herbst 1905. Nach Berlin zu gehen … ist eine große Überwindung für mich, denn schöner, wie ich es äußerlich hier habe, kann ich es wohl nirgends finden. Leichter wäre es wohl sicher für mich, auf dem einmal betretenen Geleise meiner Weltanschauung weiterzugehen, doch fürchte ich immer, dass diese etwas von Dr. Saitschik beeinflusst ist und ich mir nur einrede, dass sie für mich am besten passt und meinem Inneren entspricht. Am besten wird sich ja die Wahrheit zeigen, wenn ich mich dem Einfluss ganz entziehe und für einige Zeit allein weitergehe."

Auch in Berlin lässt sie die Frage nach Gott nicht los. „Gott, wenn du bist, zeige dich mir!", schreibt sie bereits in Zürich in ihr Tagebuch und nimmt diesen glühenden Wunsch mit nach Berlin. „Wie oft habe ich in die Kissen Tränen geweint und gefleht: ‚O Gott, lass mich dich finden!' "[12] In Berlin belegt sie Vorlesungen in Sozialpolitik und Nationalökonomie, die ihr für ihre spätere Tätigkeit von Nutzen sein sollten; zugleich befasst sie sich gründlich mit katholischer Glaubenslehre.

Doch sowohl die Frage nach Gott wie auch die neuen Einsichten, die sie zur Erweiterung ihrer bisherigen Lebenseinstellung führten, waren noch nicht das, was Glauben heißt. Es musste ein Zweites hinzu kommen: die Erfahrung, dass die Welt nicht in sich geschlossen ist, sondern dass es darin das *Wunder* gibt, das Wunder der Gnade Gottes. Aber bis zu einer solchen Erfahrung sollte noch einige Zeit vergehen.

Während ihres Studiums in Zürich lernte Hildegard den damaligen Ingenieurstudenten und gleichfalls nichtgläubigen Juden Alexander Burjan (1882–1973) kennen und lieben. Er stammte aus Györ in Ungarn und war Sohn eines Schuhfabrikanten. Auch er war auf der Suche nach einem tieferen Sinn des Lebens und besuchte deshalb gleichfalls mit Begeisterung die Vorlesungen Saitschiks. Diese Gemeinsamkeiten führten wie von selbst zu einer näheren Beziehung, weiter dann zur Verlobung und schließlich auch – trotz des Protestes beider Elternpaare wegen der anfangs noch sehr ungesicherten finanziellen Situation von Alexander und Hildegard – am 2. Mai 1907 zur standesamtlichen Trauung. Sie fand in Berlin statt, wo Alexander eine Stelle bei der AEG erhalten hatte. Hildegard setzte zunächst ihr Studium in Zürich fort. Nach Annahme der Dissertation[13] und Beendigung der Abschlussprüfungen erhielt sie seitens der dortigen Philosophischen Fakultät das Angebot einer Assistentenstelle für Handels- und Wirtschaftsrecht, lehnte es aber ab, um an der Seite ihres Mannes in Berlin zu sein.

Hier erlebte sie Anfang Oktober 1908 die erste ganz große Krise ihres Lebens: eine auf Leben und Tod gehende Nierenerkrankung. Schwere Koliken machten einen sofortigen Transport in ein Krankenhaus notwendig. Auf ihren ausdrücklichen Wunsch hin wurde

Hochzeit in Berlin 1907 mit Alexander Burian.
Von dieser Ehe sagt sie später selbst: Es war „eine selten glückliche Ehe",
ich hatte „einen so guten lieben Mann, der mich immer gewähren ließ in der
Arbeit" (Burian, Gedankenspuren 117f.). Und Alexander sagte von ihr in der
Rückerinnerung: „Es war immer beglückend, an ihrer Seite sein zu dürfen.
Man verlor niemals das Bewusstsein, dass sie etwas unendlich Liebes, unersetz-
lich Kostbares war" (zit. Burjan-Domanig 20).

sie in das katholische St. Hedwigs-Krankenhaus eingeliefert (obwohl das damalige Jüdische Krankenhaus in Berlin als „Mekka der
Medizin" galt). Ihre Erkrankung machte vier große und mehrere
kleine Operationen erforderlich, die schier unerträgliche, durch
Morphiuminjektionen nur wenig gemilderte Schmerzen mit sich
brachten. Über diese Schmerzen sagt sie später: „Wenn Gott mich
in der Todesstunde fragte, ob ich lieber weiterleben wolle um den
Preis, all das noch einmal durchleiden zu müssen, ich würde ohne
Zögern den Tod wählen." Die Operationen ließen fingertiefe Nar-

ben sowie zahlreiche innere Verwachsungen zurück und damit ein nie mehr schmerzfreies Leben, wie sie mehrfach ausdrücklich bezeugt. Zu den Folgen ihrer Operationen (völlig verwachsener Leib, bleibendes Nierenleiden) kamen später noch Bluthochdruck und eine – wohl ererbte – Diabetes hinzu.

Von den Ärzten wurde sie aufgegeben. Doch am Ostersonntag, dem 11. April 1909, standen diese vor einer ganz und gar unerklärlichen Tatsache: Der scheinbar unheilbare Einschnitt in den Ureter war plötzlich geschlossen, und die Patientin fieberfrei. Dieses Ereignis wurde von Hildegard Burjan als eine Art „Wunder" erlebt, als ein Wunder, das freilich am Ende einer längeren Erfahrungskette stand. Denn während des sechsmonatigen Aufenthalts im Krankenhaus war ihr durch das selbstlose Wirken und das glaubwürdige Lebenszeugnis von Ordensschwestern, nämlich Borromäerinnen, die dort die Krankenpflege versahen und ihr hingebungsvoll beistanden, die „wunder"-bare Wahrheit des christlichen Glaubens ganz nahe gerückt: „Dieses Wunder, eine ganze Gemeinschaft mit solchem Geist zu erfüllen, bringt nur die katholische Kirche fertig." – „So etwas wie diese Schwestern kann der natürliche, sich selbst überlassene Mensch nicht vollbringen. Foerster und Saitschik konnten mich nicht überzeugen, aber da habe ich die Wirkung der Gnade erlebt,"[14] fasst Hildegard zusammen. Die Erfahrung, die sie an den Schwestern machte, war mithin der eigentliche Anlass, sich dem katholischen Glauben zuzukehren.

Ganz ähnlich wie die geistesverwandte Jüdin Edith Stein nach der Lektüre der Lebensgeschichte der heiligen Teresa von Avila fasziniert ausrief: „Das ist die Wahrheit!" und danach zum katholischen Glauben konvertierte, erfuhr auch Hildegard Burjan durch das Zeugnis der Schwestern „unumstößliche Wahrheit". So berichtet es jedenfalls ihre Freundin und spätere Taufpatin Anna Weltmann: Als Hildegard ihr von der Erfahrung der Gnade angesichts des Wirkens der Schwestern berichtete, „sah sie mich todernst an, wie ein Naturwissenschaftler, der auf unumstößliche Realitäten und Erfahrungen gestoßen ist."[15] Fand Edith Stein durch das *schriftlich* vorliegende Lebenszeugnis der hl. Teresa zum Glauben, so geschah dies bei Hildegard durch das *unmittelbare* Überwältigtwerden von Menschen, die den christlichen Glauben stimmig, überzeugend und faszinierend lebten. So lässt sie sich am 11. August 1909 taufen. Es bedurfte dazu nur einer kurzen Vorbereitung, da sich herausstellte, dass sie sich bereits bestens in der katholischen Glaubenslehre auskannte.

Die Hinkehr zum christlichen Glauben beinhaltete für Hildegard Burjan ein Doppeltes: *Negativ*: Ihre bisherige Einstellung, der Mensch könne und solle sich selbst und andere Menschen erneuern, d. h. er könne und solle aus eigener Kraft eine ethisch hochstehende Persönlichkeit werden sowie Recht und Gerechtigkeit in der Welt verwirklichen, wurde gebrochen und aufgebrochen. Sie sah ein: Die Welt ist kein geschlossenes System, dessen der Mensch sich mit seinem analysierenden Verstand und eigener Willensenergie bemächtigen kann. *Positiv*: Die Welt ist die Welt Gottes, der ihr in ihrer Krankheit neues Leben geschenkt hat, und sie ist die Welt des Wunders der Gnade Christi, die den Menschen von innen her erneuert und befähigt. Wir können „aus uns gar nichts machen ohne die Gnade",[16] sagt sie später, und: „Auf die Schulweisheit kommt es nur sehr wenig an, sondern einzig auf den Grad der Verbundenheit mit Christus. In Ihm vermögen wir ja alles, und ohne Ihn sind alle ganz bettelarm."[17]

Hildegard ist überglücklich. Zwar sind uns über die Hinkehr zum christlichen Glauben nur vereinzelte Äußerungen von ihr überliefert – Hildegard war und blieb ein verschlossener Mensch –, aber eine Szene dürfte exemplarischen Charakter haben: Hildegards Schwester, Alice, die es ihr hoch anrechnete, sie nicht zum

*Als junge Mutter mit Töchterchen Lisa
(1910-2005).*

gleichen Schritt der Konversion gedrängt zu haben, schrieb: „Nur ein einziges Mal hatte ich das Gefühl, dass sie mich für den Katholizismus gewinnen wollte. Sie erklärte mir vieles, und wir sprachen stundenlang darüber. Als ich ihr am Schluss sagte, dass für mich der Übertritt unmöglich sei, sagte sie ganz freundlich: ,Ich habe dir alles gesagt, weil ich erst, seit ich katholisch bin, wirklich glücklich bin. Und da ich dich so lieb habe, würde ich dich auch gern so glücklich sehen.' "[18]

2. Frühe Wiener Jahre (1909–1920)

Mit der Konversion beginnt für Hildegard ein wirklich „neues Leben", nicht nur im intim-geistlichen, sondern auch im gesellschaftlich-öffentlichen Sinn. Das „wunderbar" neu geschenkte, freilich nie mehr schmerzfreie Leben soll nun ganz Gott und den vielen Brüdern und Schwestern gehören.

Im August 1909 übersiedelt Hildegard aufgrund einer beruflichen Veränderung ihres Gatten, der ab jetzt eine steile Karriere in die Spitzenkreise der österreichischen Industriellen macht, nach Wien. Hier hat sie die Freude, dass im August 1910 auch Alexander sich taufen und in die katholische Kirche aufnehmen lässt. Der letzte Anstoß dafür war wohl sie selbst, „die selig war, den Weg gegangen zu haben," wie Alexander bekennt.

Fast gleichzeitig (am 27. August 1910) gebiert sie unter extremer Lebensgefahr und gegen den dringenden Rat der Ärzte, sie solle angesichts ihrer gesundheitlichen Situation unbedingt eine Abtreibung vornehmen lassen, eine Tochter. Die Schwangerschaftsunterbrechung lehnt sie mit den entschiedenen Worten ab: „Das wäre Mord! Wenn ich sterbe, so bin ich eben ein Opfer meines Mutterberufes, aber das Kind soll leben."[19] Sie gibt ihm den Namen Elisabeth („Lisa"; † 2005). Doch fühlt sich Hildegard über ihre Aufgabe als Gattin und Mutter hinaus gerufen.[20]

Wien war um die Jahrhundertwende als Mittelpunkt der Donaumonarchie nicht nur das Zentrum von Politik und Kultur, ein Schmelztiegel verschiedenster Nationalitäten, eine Stadt pulsierenden Lebens, sondern auch ein Kristallisationspunkt sozialer Spannungen und vielfachen sozialen Elends. Die Wohnverhältnisse waren katastrophal. Dass in einer Zwei-Zimmer-Wohnung drei bis vier Erwachsene mit bis zu sieben Kindern hausten, war keine Ausnahme. Dazu gab es das Phänomen der sogenannten „Bettgeher", denen man in solchen überfüllten Kleinstwohnungen noch bei Tag und/oder Nacht nur ein Bett vermietete, um finanziell überhaupt über die Runden zu kommen. Arbeiter und Kleingewerbetreibende waren durch kein soziales Netz geschützt. Invalidität und Alter, ganz zu schweigen von Krankheit und Arbeitslosigkeit, waren gleichbedeutend mit einem Absturz ins Elend.

Unzählige Frauen aber auch Kinder sahen sich genötigt, völlig ungeregelte, überfordernde, nicht selten zwölf- bis vierzehnstündige Heimarbeit zu übernehmen (Nähen, Sticken, Stricken, Falzen usw.). Sie wurden dabei, weil außerhalb aller Schutzgesetze, schamlos ausgebeutet, sodass sie „trotz der Mithilfe von kleinsten Kindern nicht imstande waren, das tägliche Brot, das ärmste Obdach zu verdienen," wie Hildegard Burjan in einer eindringlichen, zu Herzen gehenden Beschreibung der sozialen Zustände selbst formuliert.[21] Und weil es nicht selten saisonale Arbeit war, wurden die Frauen in der Zeit der Arbeitslosigkeit in die Prostitution getrieben, wollten sie nicht eine Abschiebung ins Obdachlosenasyl und, damit verbunden, die Wegnahme ihrer Kinder in Kauf nehmen. Eine Antwort der Christen auf diese katastrophale Situation war hier (wie anderswo) die Gründung katholischer Frauenorganisationen, die nicht nur das Ziel hatten, „gegen die Sittenverderbnis der Zeit" das Ideal der „Frauenwürde" zu setzen, sondern vor allem auch „der notleidenden Mitwelt, den bedrängten Schwestern, den gefährdeten Kindern, den schutzlosen Mädchen, den ausgebeuteten Arbeiterinnen Hilfe und Recht zu verschaffen."[22]

Hildegard war betroffen über diese Situation himmelschreiender Ungerechtigkeit, schamloser Ausbeutung und der daraus resultierenden geistigen Zerrüttung und Sittenlosigkeit. Sie suchte Anschluss an die damaligen karitativ und sozialpolitisch engagierten katholischen Kreise. Dabei wird sie besonders aufmerksam auf das Elend der sogenannten „Heimarbeiterinnen": Frauen, die um einen Hungerlohn Näh- und Stickarbeiten für große Wäschefirmen übernahmen, wurden von den Fabrikanten in gewissenloser Weise ausgebeutet, da es für sie keinerlei Lohnkontrolle und keinen Rechtsschutz gab. Die erste öffentliche Äußerung Hildegard Burjans zum Heimarbeitsproblem ist eine höchst engagierte und rhetorisch äußerst wirkungsvolle Stellungnahme auf dem 3. Delegiertentag der Internationalen Liga der Katholischen Frauenverbände in Wien im September 1912. Hier finden sich Äußerungen, die man in dieser Konkretheit erst wieder seit den unruhigen 68er Jahren in Bezug auf die Ausbeutung der Dritten Welt findet. Nach einer eindringlichen Darstellung der extremen Not der Heimarbeiterinnen und ihrer Kinder heißt es hier:

„Prüfen wir …, ob wir nicht alle mitschuldig sind an der Not des Volkes. Kaufen wir nur bei gewissenhaften Kaufleuten, drücken wir nicht so sehr die Preise, verlangen wir von Zeit zu Zeit von den Fabrikanten Rechenschaft über den Ursprung der Waren! Nur zu oft ist es die wohlhabende Frau, die die Kaufleute zwingt, zu unmöglichen Bedingungen zu liefern und dies geschieht immer auf Kosten der armen Heimarbeiterinnen."[23]

Noch im gleichen Jahr gründete Hildegard den „Verband der christlichen Heimarbeiterinnen", der seinen Mitgliedern Unterstützung im Krankheits- und Sterbefall, unentgeltlichen Rechtsschutz und Wöchnerinnenhilfe sowie Fortbildung und Schulung anbot. Die Gründung dieses Verbands war alles andere als leicht: Nur durch unendlich viele persönliche, manchmal demütigende Hausbesuche von Hildegard Burjan und einigen Gleichgesinnten (demütigend, weil man oft „grob und unfreundlich die Tür gewiesen bekam"[24]) konnte man die oft verhärmten, verschlossenen und misstrauischen Heimarbeiterinnen dazu bewegen, sich zu organisieren, an den abendlichen Versammlungen teilzunehmen und den Mut zu haben, ihr Schicksal zum Besseren zu wenden. Hier leistete Hildegard buchstäblich Pionierarbeit auf unterster Ebene. Erst durch sie fand das soziale Geschwür ungerechter Heimarbeit in der Öffentlichkeit Stimme und dann auch politische Beachtung, die schließlich zur gesetzlichen Festlegung von Mindestlöhnen führte. Hildegard selbst organisierte für die Mitglieder Großaufträge und erreichte durch Ausschaltung von Zwischenhändlern bessere Löhne.

Eng mit dem Heimarbeiterinnen-Problem verbunden war das der Kinderarbeit. Ein Drittel aller Wiener Kinder musste gewerblich arbeiten. Dabei war eine zwölf- bis sechzehnstündige Beschäftigung von unter Sechsjährigen keine Seltenheit. Große Industriezweige bedienten sich dieser billigen Arbeitskräfte, da die vorliegenden Kinderschutzgesetze nicht kontrolliert und deswegen ständig übertreten wurden. Schlimme Krankheiten der Kinder und ihre geistige Zerrüttung waren die Folge. Hildegard ist bis in die Tiefe der Seele getroffen.

> „Wie können wir zulassen, dass in unserem Jahrhundert der Humanitätsduselei Tausende von kleinsten Kindern in ihren Räumen viel trauriger als das Vieh in Schmutz und Elend verkommen, mit hungerndem Magen … mit Schlägen zur Arbeit angetrieben. … Und wenn der junge Körper gar nicht mehr weiter kann, … dann bekommen die ahnungslosen Kleinen ein Gift – Alkohol oder Kaffee – das scheinbar die Kräfte hebt, in Wahrheit aber die Zerstörung unerbittlich bewirkt. … Wer dieses Bild einmal tief in sein Herz aufgenommen hat, den Jammer miterlebt hat, der kann nicht mehr Ruhe finden, bis er zur Abhilfe etwas beigetragen hat."[25]

Sie stellt in kürzester Zeit eine Broschüre zum Thema „Kinderarbeit" und ihrer Übelstände fertig, die sehr schnell große Beach-

Während des 1. Weltkriegs richtete Hildegard Burjan (rechts stehend) so-
genannte „Arbeitsausgabestellen" ein (hier im 12. Wiener Gemeindebezirk),
wo Heimarbeiterinnen die Möglichkeit erhielten, unter fairen Arbeitsbedin-
gungen ihre Familien zu ernähren.

tung fand und schließlich zum Erlass neuer gesetzlicher Bestimmungen bezüglich des Verbots der Kinderarbeit führte.

Während des Ersten Weltkriegs spitzten sich die sozialen Probleme zu. So richtet Hildegard in Wien (und im besonders ver-
armten Erzgebirge) Nähstuben für arbeitslose Frauen ein, orga-
nisiert Großeinkäufe von Lebensmitteln (später wurde daraus ein
Konsumverein), gründet Arbeitsvermittlungsstellen, Wöchnerinnenhilfe und Erholungsheime und schafft für diese verschiedenen
Aktionen den Dachverband „Soziale Hilfe". Bei all dem gelingt es
ihr, Angehörige sogenannter „höherer Gesellschaftsschichten" zu
sozialer Tätigkeit zu motivieren und Geldquellen für die verschiedenen Aktivitäten zu erschließen.

Hildegard Burjan fand in all diesen ihren Unternehmungen nicht nur Unterstützung, sondern auch Widerstände verschiedenster Art. Nur ein Beispiel: Im Rückblick auf ihre Sorge um Gefährdete und sittlich Verkommene bemerkt sie: Im Jahr 1917 „haben mich Minister und Statthalter ausgelacht, haben versucht Witze zu machen."[26] Dennoch gab sie in ihrem Engagement für Recht und Gerechtigkeit nicht nach, im Gegenteil: sie riss neue Horizonte auf. Denn bis dahin leistete man von Seiten der Kirche zwar karitative Hilfe im einzelnen Notfall, war aber auf institutioneller Ebene kaum bzw. erst sehr anfänglich tätig. Und eben hier liegt das für den katholischen Bereich spezifisch Neue. Hildegard sieht, ganz auf der Linie von Papst Leo XIII., klar: Nicht nur Wohltätigkeit im Einzel-„Fall" ist gefordert, sondern die Zustände müssen verändert, gerechte und menschenwürdige Verhältnisse hergestellt werden. „Nicht begnügen an der einzelnen Hilfeleistung, sondern neue Mittel und Methoden der Hilfe finden. Von der momentanen Fürsorge müssen wir zurückgehen auf die Wurzel des Übels."[27] In einer Situation tiefgehender Ungerechtigkeit hilft karitative Unterstützung allein nicht, man muss die Verhältnisse ändern, mehr noch: man muss den Menschen „auf die Füße stellen und auch wieder die Überzeugung geben: Ich bin jemand und ich kann etwas leisten."[28] Solche Änderungen sind aber ohne politisches Engagement und ohne öffentliche Institutionen nicht möglich.

Eine weitere Dimension der Wirksamkeit Burjans ist ihr frauenpolitisches Engagement. Überall in Europa entstehen in dieser Zeit Bewegungen, die für eine neue gesellschaftliche Rolle der Frau eintreten. Da Hildegard Burjan davon überzeugt ist, dass „man die Kulturhöhe eines Zeitalters an der Stellung, welche die Frau einnimmt, ermessen kann,"[29] nimmt sie wie selbstverständlich an diesen neuen Bestrebungen teil, obgleich sie – wie nicht wenige andere auch – *in manchen Punkten* einem traditionellen Frauenbild verhaftet blieb. Angesichts ihrer düsteren Erfahrungen mit der pervertierten Heimarbeit der Frauen, setzt sie sich mit besonderem Nachdruck für deren menschenwürdige Tätigkeit ein, darüber hinaus aber auch für das Recht (und die Pflicht) *aller* Frauen, auch die der sogenannten „höheren Schichten", zu einer sie erfüllenden Berufsarbeit. Sie sieht, dass Arbeit

> „für die Entwicklung und Entfaltung eines Menschen von ausschlaggebender Bedeutung ist. ‚Sage mir, was und wie du arbeitest und ich will dir sagen, wer du bist'. … Legen wir diesen Maßstab an die Frauen unserer besseren Stände, besonders an die Großstadtfrauen, … so sehen wir am besten, welch traurige Folgen es gehabt hat, dass die Frauen kein Recht mehr auf Arbeit zu haben glauben. Bei aufstrebenden Völkern haben die Frauen stets gearbeitet und das Bewusstsein besessen, *ein heiliges Recht* auf Arbeit zu haben." Deshalb ist zu fordern, dass in einer neu zu gestaltenden Welt die Frauen „ihren vollen Anteil an sozial nützlicher Tätigkeit bekommen. Wir alle müssen es als Schande empfinden, wenn … ein großer Teil unserer Schwestern ein Parasitenleben führt, die materiellen Güter aufbraucht und die Kulturwerte mit Füßen tritt, die andere Menschen mit blutigem Schweiß verdienen und erkämpfen. Die Frauenfrage besteht nicht nur darin, dass unbemittelten Frauen und Mädchen eine anständige Existenz geschaffen wird, … sondern es ist unbedingt nötig, dass wieder die Frauen *aller* Stände einen hohen seelischen und nützlichen Lebensberuf bekommen. Das ist ihr gutes Frauenrecht." [30]

Dieses Recht resultiert nach Burjan „aus dem Recht jedes Menschen auf Entwicklung und Entfaltung seines Wesens, was ohne Arbeit nicht möglich ist."[31] Allerdings gibt es hier Grenzen: „Die katholischen Arbeiterinnen können eine Entwicklung, die sie ihrem natürlichen Beruf als Frau und Mutter entzieht, durchaus nicht als kulturellen und geschichtlichen Fortschritt begrüßen."[32] Auch wenn also beides, Berufsarbeit der Frauen und deren Berufung als Frau und Mutter, in rechtem Maß auszutarieren ist, geht Hildegard Burjan mit ihrer Forderung nach Frauenarbeit weit über das damals gängige kirchliche Frauenbild, das im Grunde nur häusliche Arbeit legitimierte, hinaus.

Die Gründung der ersten österreichischen Republik nach dem Ersten Weltkrieg eröffnete den Frauen neue politische Verantwortungsmöglichkeiten. Am 12. November 1918 erhielten die Österreicherinnen das Wahlrecht. An den Konsequenzen, die daraus für die politische Gleichberechtigung der Frauen erwuchsen – von kirchlichen Stellen anfangs sehr skeptisch betrachtet –, nimmt Hildegard Burjan führenden Anteil.[33] So findet die erste politische Versammlung christlicher Frauen in der Republik Deutschösterreich am 24. November 1918 unter ihrem Vorsitz statt. Im Anschluss daran wird von ihr auch der Verein „Frauenrecht" zur Vorbereitung der Wahlen gegründet. Von den Vertretern der Arbeiterschaft wird sie in die Parteileitung der Wiener christlichsozialen Partei gewählt und zieht in dieser Funktion als erste Frau in den Wiener Gemeinderat ein. Auch hier setzt sie sich mit ganzem Engagement für die sozial Benachteiligten ein. Kein Wunder, dass man sie dann auch als Kandidatin für die ersten Wahlen der neuen Republik zur „konstituierenden deutschösterreichischen Nationalversammlung" nominieren wollte. Zunächst hatte sie wegen ihres angegriffenen Gesundheitszustandes und ihrer zahlreichen anderen Verpflichtungen große Vorbehalte, stellte sich dann aber doch zur Verfügung, um sich besser für die Randgruppen der Gesellschaft engagieren zu können. So wird sie als einzige christlichsoziale Frau Mitglied der konstituierenden Nationalversammlung – sieben so-

Wien 1919: Als Abgeordnete zur „konstituierenden deutschösterreichischen Nationalversammlung".

zialistische Frauen stehen ihr dort gegenüber – und arbeitet mit großem Einsatz mit. An zahlreichen Gesetzesinitiativen auf dem Gebiet des Sozialen, so z. B. zu Mutter- und Säuglingsschutz, zu Frauen-Aus- und -Weiterbildung, vor allem aber zur Frage der bis dahin fast rechtlosen Hausgehilfinnen, nimmt sie aktiven Anteil, wenn diese nicht sogar ihrer Initiative entstammen.[34]

Trotz mancher politischer Konflikte mit den Sozialisten, aber auch mit der eigenen Partei, sucht sie nach Versöhnung und Ausgleich. Sie handelt so, wie sie in einem Artikel der „Reichspost" vom 20. Februar 1919, der mit „Die Frauen und die Nationalversammlung" überschrieben ist, programmatisch ausführt:

„Möge die Frau, der man gewöhnlich vorwirft, dass sie zu persönlich ist, zu wenig Sachlichkeit aufbringe, im neuen Abgeordnetenhaus zeigen, dass sie nicht von Gefühlen und momentanen Eindrücken hin- und hergeworfen wird, sondern über alles Persönliche hinaus, in ernster, klarer Verstandesarbeit auch bei politischen Streitfragen die Frauenwürde zu wahren weiß. Möge daher mit dem Einzug der Frau der gehässige, persönlich aggressive Ton verschwinden, der uns Frauen bisher die Politik so sehr verleidet hat. Nicht einer Verwischung der Parteienunterschiede rede ich das Wort, sondern der Achtung vor dem sachlichen Gegner. Je fester ein Mensch von seiner Weltanschauung überzeugt und durchdrungen ist, je mehr ihm seine Gesinnung heiligste Herzenssache ist, desto ruhiger erträgt er andere Meinungen, desto mehr sucht er überall das Versöhnende, Verbindende heraus, und ignoriert bei gemeinsamer Arbeit das Trennende. … Die über allen Parteienunterschieden stehende Not wird die Frauen der verschiedensten Weltanschauung zu gemeinsamer Frauenarbeit zusammenführen. Wir Frauen wollen nicht unsere beste Kraft verbitternden, fruchtlosen Parteikämpfen opfern, sondern praktische, die Gesamtheit fördernde Arbeit leisten. Wir brauchen den Geist des Friedens und der Versöhnung in sachlicher, uneigennütziger Arbeit, nur dann wird die neue Nationalversammlung das Fundament eines glücklichen Deutschösterreich werden."[35]

Hildegard Burjan war im Parlament bei allen Fraktionen beliebt, anerkannt und verehrt. Der spätere Bundeskanzler Prälat Dr. Ignaz Seipel, der gleichzeitig mit Hildegard in die Nationalversammlung gewählt worden war, sagte von ihr, er habe keinen Mann mit ausgeprägterer politischer Begabung und feinerem politischen Fingerspitzengefühl gesehen als diese Frau.[36] Obwohl sie bereits für die Zeit nach den Nationalratswahlen 1920 als Sozialministerin (als „Minister für soziale Verwaltung", wie es damals hieß) im Gespräch war und höchstes Ansehen bei allen Fraktionen des Parlaments genoss, trat sie nach Ablauf ihres Mandats nicht mehr neu als Kandidatin für das Parlament an. Sie will andere Arbeitsschwerpunkte setzen, fühlt sich gesundheitlich überfordert, leidet am Klubzwang[37] und will sich wohl auch den zunehmenden antisemitischen Tendenzen, von denen Wien voll ist, entziehen.[38] So soll z. B. der spätere Bundesminister für Heereswesen, Carl Vaugoin, vor den Wahlen 1920 dezidiert erklärt haben, er wolle sich im Wahlkreis seines Wohnsitzes nicht mehr von einer „preußischen Sau-Jüdin" verdrängen lassen.[39]

Bezeichnend ist ihr Abschied aus dem Parlament: Kardinal Piffl nennt sie das „Gewissen des Parlaments", und der Repräsentant der sozialdemokratischen Partei, Dr. Julius Tandler, küsst ihre Hand und sagt: „Es klingt wie das Gegenteil eines Komplimentes, wenn die feindliche Seite sagt, sie bedaure tief Ihr Weggehen, dennoch ist es echt gemeint."

Als einzige Frau im Parlamentsklub (= Fraktion) der Christlichsozialen Partei.

Hildegard blieb auch nach ihrem Ausscheiden aus dem Parlament weiterhin im öffentlichen Sozialwesen, vor allem im Bereich der Katholischen Frauenbewegung tätig. So sehr, dass sich ganz generell sagen lässt, „dass die in Österreich sozial und sozialpolitisch tätigen christlichen Frauen ihrer Zeit direkt oder indirekt durch die Schule von Hildegard Burjan gingen"[40]. Doch wird ab jetzt der neue Schwerpunkt ihres Wirkens die „Caritas Socialis" (CS).

3. Die „Caritas Socialis"

Schon zu Beginn ihres sozialen Engagements hatte Hildegard Burjan erkannt, dass eine erfolgreiche soziale Tätigkeit gemeinsame Kräfte erfordert sowie ein Tun in letzter Verbindlichkeit und aus tiefer religiöser Motivation heraus. So entsteht in ihr die Idee, eine religiöse Gemeinschaft von Frauen zu gründen, die nicht orientiert ist an den bestehenden Orden, aber auch nicht einfach eine offene religiös-karitative Vereinigung, sondern „etwas ganz Neues" sein soll, eine Schwesterngemeinschaft „zur Durchführung sozialer Arbeit, eine Art Volksmissionärinnen, die durch tatkräftiges Wirken den Weg zu den Herzen jener Großstädter finden, die der Kirche fremd geworden, dem Priester, der Ordensfrau nicht erreichbar sind. Nicht ordensmäßig im Äußeren sollen die Schwestern doch auf einer rein religiösen Grundlage stehen und nach den Evangelischen Räten in Gemeinschaft leben," so heißt es in der von Hildegard gutgeheißenen Chronik der CS.[41] Obwohl sie eine tiefe Verehrung für die traditionellen klösterlichen Lebensformen hat, braucht nach ihrer Vorstellung die Sozialarbeit Menschen, die mitten in der Welt stehen und mitten unter den ihnen Anvertrauten leben. Es gilt, „durch stetige, leicht mögliche Verbindungen mit dem Leben der ärmsten Schichten auch diese immer besser verstehen zu lernen und immer feinhöriger für ihre Bedürfnisse zu werden."[42] Dagegen wird „im engen Rahmen einer weiblichen Klosterfamilie ... ein weiter Blick, ein bei tiefster Frömmigkeit im *wirklichen* Leben wurzelndes Handeln sehr schwer zu erhalten sein."[43] Demgegenüber sollen die von ihr konzipierten Schwestern „kein Kloster" sein, sondern sollen „nur ähnlich wie Klosterfrauen, aber in der Welt draußen" leben, damit sie „das tun können, was andere (Klosterfrauen) nicht tun können."[44]

Mit solchen Überlegungen war Hildegard Burjan um Jahrzehnte ihrer Zeit voraus. Denn der Gedanke, dass es außer dem über-

Gründerin und Oberin der Schwesternschaft „Caritas Socialis".

kommenen Ordens- und „Welt"-Leben noch etwas Drittes geben könne, ja, müsse, erhielt in der Kirche offiziell erst ab der Apostolischen Konstitution Pius' XII. „Provida Mater" von 1947 Geltung. Deshalb ist Hildegard absolut bahnbrechend mit ihrer Idee, eine Gemeinschaft zu gründen, die weder das bisher bekannte Religiosenleben noch das laikale Weltleben verwirklichte, sondern beides zusammen in einer neuen Synthese, mit dem Ziel, der vielfachen Not in beweglicher Weise zu entsprechen und mitten unter den Menschen Gemeinschaft zu bilden. Gelegentlich bemerkt sie: „Ich halte unsere Idee überhaupt nicht für etwas Originelles, sondern für etwas, was in der Luft liegt, was in anderen Ländern schon vorhanden ist."[45] Doch ist sie sich in anderen Zusammenhängen durchaus des „Neuen" bewusst, was sie da anstrebt: „Wir wollen etwas Neues, nicht etwas bereits Bestehendes, sondern der Zeitnot angepasst, keine Klausur, kein Eingeengtsein durch klösterliche Formen, sondern beweglich und immer einsatzbereit für jede Not, die auftaucht. … Nicht so wie bei Klöstern, die sind immer sehr in der Gefahr, bald zu versteinern."[46] Dass ihr für dieses erst noch zu gründende „Novum" in der Kirche eine besondere Sendung zukam, ahnte sie wohl selbst, da sie einmal formulierte:

„Die katholische Kirche hat im Laufe der Jahrhunderte die verschiedenartigsten Blüten hervorgebracht. In allen Zeiten der Not sandte ihr Gott Menschen, die, erfüllt vom Heiligen Geist, durch Wort, Schrift oder Ordensgründungen zu Stützen der Kirche wurden. Vielleicht darf auch unsere Caritas Socialis im modernen Heidentum die Aufgabe erfüllen, eine unscheinbare Blüte am Stamm der Kirche zu sein."[47]

Diese Ideen blieben nicht ohne Anfeindungen von Seiten einiger bestehender Ordenskongregationen, welche der CS vorwarfen:

„Die sind nicht Fisch und nicht Fleisch und haben kein Gelübde"[48]; bei anderen lösten sie auch „Begierlichkeiten" aus, da sie die CS als eine Art „Dritten Orden" oder als Gemeinschaft von sogenannten „Oblaten" gern in die eigene Regie nehmen wollten.

Da zu dieser Zeit die Idee von Säkularinstituten oder „Räte"-Gemeinschaften von Laien oder auch Neuen Geistlichen Gemeinschaften, wie sie ab Ende des 20. Jahrhunderts entstanden, noch nicht aktuell und kanonisch vorgesehen war, bedurfte es einer längeren Zeit des Tastens und Suchens, um im Experiment des Lebens und in zahlreichen Gesprächen und Auseinandersetzungen die Form einer Schwesternschaft zu finden, welche sich als „bewegliche Stoßtruppe der Kirche" (Louis Bosmans) zur Behebung extremer sozialer Not einsetzte und zugleich um sich herum einen weiteren Helfer- und Freundeskreis zur Mitarbeit motivierte.

Angesichts dieses Suchens erkannte Hildegard Burjan klar: „CS ist noch etwas Werdendes, nichts Abgeschlossenes."[49] Auch hinsichtlich der Tätigkeiten dieser neuen Gemeinschaft hatte die gleiche „Beweglichkeit" zu gelten: Die CS will „nach den jeweilig aufscheinenden sozialen Notwendigkeiten, nicht aber nach einem auf dem Papier festgelegten starren Schema arbeiten". Es gilt, jeweils die Arbeiten zu übernehmen, „für die sich niemand anderer gefunden hat."[50] „Wir müssen nur auf das gerichtet sein, welche Not gerade vorhanden ist, welche ein anderer gar nicht erfasst und welche wir wirklich imstande sind, zu lindern."[51] Arbeit und Zielausrichtung der CS dürfen nicht „von vornherein fest umschrieben sein. Das könnte zur Versteinerung führen."[52] Nicht nur die Aufgaben der CS müssen immer neu entdeckt werden, sondern auch ein lebbares Miteinander der Spannung zwischen struktur- und personenorientierter Sozialarbeit, zwischen Ordens- und Weltstand, zwischen persönlicher innerlicher Frömmigkeit und selbstbewusster Lebenstüchtigkeit.

Inmitten ihrer engsten Berater (von links nach rechts): Msgr. Schaurhofer, Prälat Seipel, Pater F. X. Jungmann SJ sowie eine Novizin und eine Schwester.

Gesprächpartner auf der Suche nach der rechten Form war vor allem der damalige Wiener Erzbischof Kardinal Piffl, der sie nachhaltig zum Weitermachen motivierte und sie darin bestärkte, eine wirklich neue Form von geistlicher Gemeinschaft zu finden: „So wie die Caritas Socialis ist, will ich sie, und wenn sie ein Kloster wird, ziehe ich meine Hände von ihr zurück. Die Caritas Socialis kann die Aufgaben, die ihr aus der Not der Zeit zufallen, nur in der ihr eigentümlichen Verfassung erfüllen."[53] Mindestens ebenso wichtig wie das Wohlwollen des Kardinals war der Beistand von Prälat Ignaz Seipel, dem späteren Bundeskanzler. Daneben gab es noch eine wahre Fülle von Personen, deren Rat sie immer wieder suchte.[54] Besonders zu nennen sind eine Reihe von Jesuiten, darunter der bekannte P. Peter

Lippert SJ. Dann weiter der Diözesanpräses der katholischen Arbeiterinnenvereine Msgr. Schaurhofer und der Spiritual am Wiener Priesterseminar Msgr. Karl Handloß. Auch Papst Benedikt XV. gab 1920 bei einer Privataudienz von Hildegard der im Entstehen begriffenen CS seinen „besonderen Segen", und der Kurienkardinal Andreas Frühwirth bemerkte, „die CS sei nach dem Alumnat (Priesterseminar) die wichtigste Einrichtung, die wir in Österreich haben."[55]

Den damaligen Professor der Moraltheologie Seipel hatte Hildegard Burjan kurz vor Ende des Ersten Weltkriegs im Rahmen einer sozialpolitischen Veranstaltung kennengelernt. Daraus entwickelte sich eine intensive Zusammenarbeit, ja Freundschaft, die auch erhalten blieb, als Seipel in die Politik einstieg und Bundeskanzler wurde. Beide, Burjan und Seipel, waren sich in ihren intellektuellen Fähigkeiten ebenbürtig und hatten höchsten Respekt füreinander, auch dann, wenn sie verschiedener Meinung waren – und das war häufig –, und es deshalb dann zwischen ihnen zum geistigen Klingenkreuzen auf höchstem Niveau kam.

Seipel teilte das Anliegen Hildegards, einen sehr beweglichen „Stoßtrupp" von Frauen für kirchliche Sozialarbeit zu schaffen. So gründeten sie gemeinsam 1918 den *Verein* „Caritas Socialis". Während Seipel jedoch diesen Verein für ganz unterschiedliche soziale Engagements (fallweise – stundenweise – durchgehend – vorläufig – für immer) offen halten wollte und sich dagegen wehrte, eine besondere, irgendwie dann doch ordensähnliche Gemeinschaft entstehen zu lassen,[56] spürte Hildegard die Notwendigkeit, Schwestern zu haben, die sich unbedingt und ohne Einschränkungen für die Sozialarbeit im Sinne Christi in Beschlag nehmen ließen und ihr Leben ganz nach dem Evangelium leben wollten. Nach manchem Hin und Her stimmte Seipel zunächst nur zu, dass es so etwas wie „interne" Schwestern als einen bestimmten *Zweig* des Vereins CS geben könne, die sich aber nicht als eine Art „Elite" von den anderen unter-

Oberinnentagung 1928.
Zu der heute eigentümlich erscheinenden Schwesterntracht vermerkt Hildegard Burjan, dass sie für ihre Schwestern kein Ordenskleid wolle, das „ein gewisses ehrwürdiges Ansehen verleihen würde", sondern (schon aus Schutzgründen) nur ein „soziales Arbeitskleid", das „einfach, geschmackvoll, schlicht, immer in bescheidenem Rahmen sich der jeweiligen Mode anschließt" (Caritasjahr 29). Jedenfalls sollte die Kleiderfrage nie zur Hauptsache werden, sondern am Maßstab der „Rücksicht auf besseres, segensreicheres Wirken" entschieden werden.

scheiden dürften. Doch entwickelten sich beide „Zweige", die einfachen Vereinsmitglieder und die Schwestern, ganz im Sinne Burjans schnell auseinander. Die „internen Schwestern", deren erste Gruppe sich 1919 bei der Übernahme des katholischen Arbeiterinnenheimes in der Pramergasse 9 bildete, verlangten für ihr Zusammenleben und -arbeiten nach einer mehr geprägten Ordnung, verbindlicheren Zugehörigkeit und festerer Formung, ohne dadurch aber ein Orden im traditionellen Sinn zu werden. Diese „interne Schwesternschaft", die ohne bzw. sogar gegen die Intention Seipels entstand, entspricht in eigentlichem Sinn den Plänen Hildegards.[57] Um diese von ihr ins Auge gefasste Schwesternschaft sollten sich dann weitere „Kreise" von Freunden, Mitarbeitern, Helfern legen.

Die Suche nach der passenden Form dieser Gemeinschaft hielt noch lange an. Auf der einen Seite wollte man – im Einvernehmen mit Kardinal Piffl und Msgr. Seipel – keine Kongregation mit einem Kloster im traditionellen Sinn sein, auf der anderen Seite war die Tendenz auf eine Räte-Gemeinschaft hin eindeutig, eine Tendenz, die schließlich durch die klare Trennung von *Verein* CS und *Schwesternschaft* CS sowie durch die am 5. Juni 1936 vollzogene Anerkennung letzterer als kirchliche Gemeinschaft diözesanen Rechts auch offiziell anerkannt wurde.

So wird die *Ehefrau* Hildegard Burjan, die als Gattin des Generaldirektors des österreichischen Telefonwesens ihrem gehobenen Stand entsprechend zu Hause gesellschaftliche Pflichten wahrzunehmen hatte, zur *Gründerin* und *Vorsteherin* einer geistlichen Gemeinschaft, die sich auf die sogenannten Evangelischen Räte verpflichtete. Kardinal Piffl war über die Entwicklung begeistert. Und als einige Priester Bedenken darüber äußerten, dass eine verheiratete Frau Oberin einer Rätegemeinschaft sei, antwortete der Kardinal: „Wer mir damit kommt, den werfe ich hinaus. Für mich ist die Frage ein für allemal abgeschlossen."[58] Er gab der CS die Zusage, dass Hildegard zeitlebens ihre Vorsteherin sein solle. „Frau Doktor Burjan in meiner Diözese zu haben, ist eine Gnade, die ich vor Gott werde verantworten müssen. Ich lasse ihr sagen, es ist meine heilige Überzeugung, *dass sie an der Spitze der Schwesternschaft zu bleiben hat bis zum letzten Atemzug, bis Gott selbst sie davon abruft. ... Ich danke Gott, dass ich mit dieser Frau arbeiten darf.*"[59]

Der Nachfolger von Piffl, Kardinal Innitzer, strebte jedoch einen Wechsel in der Leitung der CS an: Die Schwestern sollten aus ihrer Gemeinschaft die Generalleiterin wählen. Diese Einstellung Innitzers erschütterte die CS zutiefst und auch Hildegard selbst, die – obwohl sie *formell* bei Amtsantritt des neuen Ordinarius ihren Rücktritt anbot – mit einer Entlassung nicht gerechnet hatte und angesichts der noch ungefestigten Gemeinschaft in eine tiefe Krise geriet. Sie erfuhr Dunkelheit und Ausweglosigkeit, eine – wie sie auf dem Totenbett rückblickend erklärt – „schwere Prüfung". Es kam hinzu, dass die Position Innitzers mit großer Wahrscheinlichkeit von antisemitischen Motiven herrührte. Schon vorher hatte Hildegard unter dem verbreiteten Wiener Antisemitismus zu leiden gehabt. Nach dem Zeugnis von Irmgard Burjan-Domanig hat sie „bitter gelitten unter vielen Schwierigkeiten, geringschätzigen Äußerungen, die nur auf den unseligen Antisemitismus zurückgingen, die ihr vielfach von Priestern, auch vom Caritasverband, zu Ohren kamen. Nur weil er [Kardinal Piffl] stark und treu an ihrer Seite stand, konnte sie die immer gegenwärtige Angst in ihrer innersten Seele niederkämpfen und weiterarbeiten." Als Kardinal Innitzer sie nun von der Leitung der CS entbinden wollte, war sie sich „vollkommen klar darüber, dass sie ein Opfer des Antisemitismus war." Und in der Tat: Als Irmgard Domanig Kardinal Innitzer daran erinnerte, dass sein Vorgänger, Kardinal Piffl, Hildegard Burjan für immer als Leiterin der CS vorgesehen hatte, antwortete ihr Innitzer: „Ja, schaun's halt, die jetzige Zeit – man braucht ja nur den Mann [Alexander Burjan] anzuschaun, da sieht man doch von weitem, dass er ein Jud ist!"[60] Innitzer nahm auf heftigen Protest der CS-Schwestern zwar seine Pläne zurück, veranlasste aber Hildegard dazu, eine kirchenrechtlich klare Institutionalisierung der CS anzustreben, die Hildegard auf ihrer letzten Romreise 1933 zwar noch in die Wege leitete, wegen ihres vorzeitigen Todes aber nicht mehr selbst erlebte.

Nachdem 1919 die erste „interne" Schwesterngruppe begonnen hatte, setzte sofort eine riesige Nachfrage nach diesen „neuen" Schwestern ein, und die Wünsche, sie möchten dieses oder jenes Werk übernehmen oder neu beginnen, explodierten geradezu. Die Schwestern widmeten sich besonders jenen Aufgaben, die damals in kirchlichen Kreisen noch verpönt waren oder auf Widerstand stießen, z. B. der Fürsorge für entgleiste und gefährdete Mädchen, geschlechtskranke Frauen und ledige Mütter. So wurde etwa gegen das Mutter-Kind-Haus für ledige Mütter sogar vonseiten einiger Bischöfe eingewandt, dadurch werde nur „die Unmoral gefördert". Schwestern übernahmen Stützpunkte der Bahnhofsmission, Unterkunftsstellen und Heime für obdachlose Frauen sowie verwahrloste Kinder und die Sorge für Familien- und Altenpflege in Österreich und Deutschland.

Rastlos stellte sich Hildegard den immer neuen Herausforderungen und Aufgaben, die auf die neue Gemeinschaft zukamen. Sie kannte kein Ausruhen. „Ruhen und schlafen werde ich einst unter der Erde", lautet ein überliefertes Wort von ihr. Aber das war nicht das Einzige. Hinzu kam die geistliche Begleitung ihrer Schwestern, die sie einzeln mit großer Aufmerksamkeit, Respekt und Liebe begleitete. Irmgard Burjan-Domanig bezeugt:

„Mit großer Ehrfurcht stand sie vor den Seelen, die sich dem Dienst des Herrn geweiht hatten. In jeglicher Not durften sie zu ihr kommen, immer war sie bereit, zu führen und zu helfen. Mit Erhabenheit und Würde im Verkehr mit Menschen verband sie aufrichtige Demut und Schlichtheit, gütiges Interesse und verstehende Beratung, herzgewinnende Liebenswürdigkeit und menschliche Nähe, Diskretion und Distanz. Nichts fiel ihr so schwer, als Unangenehmes sagen zu müssen. Wenn es aber ihre Pflicht war, tat sie es mit der größten Offenheit. Bei ihr konn-

Im Gespräch mit einer Schwester. Das Foto ist geradezu eine Veranschaulichung des Zeugnisses von Irmgard Burjan-Domanig: In der Begleitung ihrer Schwestern verband Hildegard „gütiges Interesse und verstehende Beratung, herzgewinnende Liebenswürdigkeit, Diskretion und Distanz".

te jeder sicher sein: Unangenehmes über ihn sagte sie nur ihm selbst, nie zu anderen hinter dem Rücken. Die Schwestern sagten, es war oft erhebend, wenn man sich ihren Tadel wegen eines Verschuldens zuzog, da sie ihn in so liebevoller und aufbauender Weise äußerte, dass man reich beschenkt von ihr ging."[61]

Alle Zeugen berichten übereinstimmend, dass sie eine unwiderstehliche Anziehungskraft ausübte; eine große Ruhe ausstrahlte und selbst in Zeiten höchster Betriebsamkeit der ruhende Pol blieb, welcher Besonnenheit und zugleich Weite und Freiheit ausstrahlte.

Neben der CS war da aber auch noch die Familie, besonders ihr Mann, der gleichfalls ihre Nähe, ihren Rat und ihren Beistand braucht. Auch den Wünschen Lisas, die völlig anders als sie veranlagt ist, kommt sie nach: kauft ihr modische Kleider und Schmuck und veranstaltet Feste „im Stile Lisas". Auch diesen unterschiedlichen Herausforderungen sucht sie, so gut es geht, gerecht zu werden. Jedenfalls war es eine glückliche Ehe, die sie führte. Oftmals betonte Alexander, dass ein Gutteil seines beruflichen Erfolges seiner Frau zuzuschreiben sei, die ihn vortrefflich beriet und ihm zur Seite stand. Und Hildegard erklärte ihrem Mann kurz vor ihrem Tod und angesichts ihres nahenden Endes: „Ich wollte dir jetzt schon in aller Ruhe sagen, dass ich mit dir sehr glücklich war. Ich danke dir für all die schönen Jahre, die wir zusammen verlebten, für dein Verständnis und deine Hilfe in meiner Arbeit."[62] Freilich kann sie an anderer Stelle auch sagen: Wäre sie zur Zeit ihrer „Bekehrung" nicht bereits verheiratet gewesen, wäre „ich zweifellos in einen Orden eingetreten; wie viel einfacher hätte sich dann mein Leben abgespielt! Aber alle Werke, die ich schaffen durfte, wären nicht da. Ich bin sicher, dass dies so in Gottes Absicht war."[63]

Und schließlich war da vor allem Gott! Vor ihm breitete sie ihre Pläne, Gedanken und Sorgen aus. Und weil sie tagsüber so selten dazu kam, benutzte sie dafür die Nachtstunden, sodass sie manchmal nur vier Stunden schlief. Oft war aber ihr Gebet auch das geduldige Tragen ihrer schmerzhaften Krankheit und das Durchhalten in Anfeindungen und Sorgen. An eine Schwester schreibt sie einmal, mit Sicherheit aus eigener Erfahrung: „Glauben sie mir: für *jeden* Menschen ist das ganze Leben ein

Schon vom Tod gezeichnet.

Kampf, und ob man es ihm anmerkt oder nicht, jeder geht *langsam* den steinigen Kreuzweg hinein. Und danken wir Gott, wenn Er uns durch Opfer Gelegenheit gibt, damit es aufwärts gehe und Sein Licht immer mehr uns unsere Fehler erkennen lässt."[64]

4. Sterben und Vollendung

Das unermüdliche Tätigsein, die offenen Probleme der CS, die Anfeindungen aus dem österreichischen Katholizismus, für dessen „gallertartige Masse" (Hildegaard Waach) sie wie ein Fremdkörper war, sowie ein zunehmender Antisemitismus führten zur Erschöpfung ihrer ohnehin immer angegriffenen Gesundheit. Irmgard Burjan-Domanig bemerkt dazu:

> „Fünfzehn Jahre lang wurden ihr durch die Diät für Zuckerkranke empfindliche Opfer auferlegt, ebenso durch die täglichen Insulinspritzen, die sie sich tapfer selbst verabreichte. … Alle derartigen Plagen, die der kranke Körper mit sich brachte, trug sie im Geiste des religiösen Opfers und bemerkte gelegentlich, anders wäre es gar nicht auszuhalten. Zu den beständigen Schmerzen, die ihr die kranke Niere und die Verwachsungen des Darms verursachten, kamen die Beschwerden der Zuckerkrankheit: große Müdigkeit, quälender Hunger infolge der Einschränkungen, die die Diät gebot, am schlimmsten aber der beständige Durst. Dieser war am Morgen fast unerträglich. Sie wollte die heilige Kommunion nicht versäumen, wollte aber erst zur heiligen Messe gehen, wenn der Gatte bereits zur Fabrik gefahren war. Sie wusste, wie viel es ihm bedeutete, seine Frau in der Morgenstunde und beim Frühstück zur Gesellschaft zu haben. Mit vor Durst brennendem Gaumen sah sie zu, wie er mit bestem Appetit sein Frühstück nahm und nach Herzenslust gutes, frisches Wasser trinken konnte. Dann erst fuhr sie zur heiligen Messe. … Soweit ihre physische Kraft irgend reichte, nahm sie keine Rücksicht auf die Hemmungen des kranken Körpers und erlaubte auch nicht, dass man darüber sprach oder sie gar bemitleidete."

Nach ihrer letzten Operation kurz vor ihrem Tod zeigte der Arzt ihrem Mann die operativ entfernte, von Eiterprozessen völlig durchsetzte Niere und bemerkte: „Diese Frau muss durch viele, viele Jahre Entsetzliches gelitten haben."[65]

Am Pfingstfest 1933 kam es zur äußerst schmerzhaften Entzündung einer Niere. Obwohl die Ärzte zunächst guter Dinge waren, bereitete sich Hildegard bewusst auf den Tod vor. Über ihre letzten Tage berichtete später Prof. Dr. Müller-Deham, ihr Arzt, in einem Brief:

> „Ich habe sehr viele Menschen sterben sehen oder dem Tod nahe beobachtet. Aber die letzten Stunden von Frau Hildegard Burjan stehen in meiner Erinnerung einzig da. Sie war sich des nahen Endes völlig bewusst, der Verstand ungetrübt, sorgte sich um ihre Lieben und ihre Werke. Für sich selbst war sie nicht nur gelassen und furchtlos; sie sah dem Tod freudig als Erlösung vom irdischen Dasein entgegen, völlig gewiss in ein ewiges Leben einzugehen."[66]

Von ihrem Sterbebett sind uns eine Reihe von „letzten Worten" überliefert; sie wurden sofort schriftlich festgehalten und haben darum authentischen Wert.

„Um die Caritas Socialis ist mir nicht bange, ich weiß, sie wird bestehen. Ich brauche nicht mehr von ihr zu sprechen, ich habe sie Gott übergeben, Gott wird sie führen. Ich glaube fest an ihre Zukunft!", ist ihr letztes Wort über die noch nicht gefestigte Schwesternschaft, die damals 150 Mitglieder und 35 Niederlassungen in Wien, Niederösterreich, Oberösterreich, Steiermark, Tirol, Deutschland und Tschechien zählte.

Eine Zusammenfassung ihres Lebens formuliert Hildegard in den Worten:

„Ich habe wirklich niemals für den Erfolg gearbeitet, ich habe nie Erfolg gewollt und gesucht, das darf ich ruhig sagen."

„Mein Sterben ist ein einziges großes Deo Gratias! Vor 25 Jahren hat mich Gott aus dieser Krankheit heraus an sich gezogen und berufen, dann hat er mich 25 Jahre auf den Armen getragen wie ein Kind, und jetzt führt er mich aus dieser Krankheit heraus zu sich! … Ich denke immerfort nach, wovor ich mich fürchten könnte. … Ich habe ja so vieles schlecht gemacht in meinem Leben, so vieles, aber das eine weiß ich: ich habe niemals etwas anderes als den Willen Gottes gesucht. Und darum finde ich nichts, was ich fürchten könnte."

Und die gleiche Sicherheit drückt sich in dem Wort aus:
„Manchmal kam mir im Leben der Gedanke, wie es wohl in der Todesstunde sein werde, wenn jede Täuschung aufhört. Ob einem dann noch alles zusammenbrechen wird, ob alles als Schein vor mir stehen wird … ? Jetzt aber sehe ich, *dass alles echt ist, dass alles Wahrheit ist!*"[67]

Am Dreifaltigkeitssonntag, dem 11. Juni 1933, ist allen klar, dass ihr Lebensende unwiderruflich vor der Tür steht. Mittags sagt sie: „Dreifaltigkeitssonntag! Was für ein wunderschöner Tag zum Sterben! Und wie schön das sein wird: ausruhen bei Gott!" Vor 17 Uhr strahlt die Sonne durchs Fenster, und Hildegard richtet sich auf und spricht: „Licht, viel Licht brauche ich heute, ich darf ja heimgehen, heimgehen darf ich! Oh, wie schön ist es, dass ich heimgehen darf."[68] Und dann nahm sie das Sterbekreuz, das sie seit Jahren mit sich getragen hatte, küsste es und sprach langsam, ausdrucksvoll und für alle verstehbar: „Lieber, lieber Heiland, mach doch die Menschen alle recht lieb, damit Du sie lieb haben kannst. Mach sie alle reich nur durch Dich! Gott – schön!"

Totenmaske.

Gegen 17 Uhr starb sie.

An den Trauerfeierlichkeiten nahm alles teil, was in der Republik Rang und Namen hatte, dazu eine unübersehbare Menschenmenge. Zahlreiche Persönlichkeiten würdigten sie. Exemplarisch können die Worte gelten, die der sozialistische Bürgermeister Karl Seitz an die CS richtete: „Mit Dr. Hildegard Burjan ist eine Frau von uns geschieden, deren Andenken überall, wo man selbstlose Fürsorge schätzt, in Ehren gehalten wird. Ihr Leben war geleitet von einem hohen Gedanken der Nächstenliebe, ihr Wirken vom edlen Drang zu helfen."[69]

Über die Nächstenliebe hinaus nahm sie bestimmenden Einfluss auf die Sozialpolitik Österreichs und – durch ihre enge Verbindung zu Bundeskanzler Seipel – auf den Aufbau der Ersten Republik Österreichs überhaupt. Doch weit mehr noch sind ihre spirituellen Impulse zu würdigen, denen wir uns im Zweiten Teil zuwenden.

Zweiter Teil

Die spirituellen Impulse
Hildegard Burjans für unsere Zeit

Wenn wir nunmehr nach der spezifischen Spiritualität Hildegard Burjans fragen und zu erkunden suchen, welche geistlichen Impulse, die für uns heute von Bedeutung sein können, von ihr ausgehen, so ist es hilfreich, zunächst einige Vorfragen zu klären.

1. Auf der Suche nach der spirituellen Gestalt Hildegard Burjans

Als Vorbemerkung soll wenigstens kurz die Frage angerissen werden: Was ist eigentlich Spiritualität?

Obwohl das Wort „Spiritualität" in der deutschen Sprache relativ neu ist, findet es gegenwärtig einen geradezu inflationären und darum sehr vagen Gebrauch. Vor ein/zwei Generationen war es noch kaum bekannt. So sucht man etwa in der 1950 erschienenen Auflage des prominenten 10-bändigen „Lexikons für Theologie und Kirche" das Stichwort Spiritualität vergebens. Stattdessen wird dort für das Gemeinte der Begriff „Frömmigkeit" benutzt. Mit Frömmigkeit ist dabei nicht der einzelne religiöse Akt, sondern die umfassende Lebensgestaltung und Lebensordnung aus dem Glauben gemeint. Frömmigkeit bezeichnet also ein gestalthaftes Ganzes, ein Zusammenspiel von vielen inneren und äußeren religiösen Vollzügen. Dazu gehören z. B. persönliches Gebet, geistliche Lebensordnung, sittliche Verhaltensweisen, kultisch-rituelle Ausdrucksformen u. a., kurz: Frömmigkeit bezeichnete die Art und Weise, nach welcher der Mensch seinen Glauben in persönlichem, konkretem Zuschnitt lebt, oder noch kürzer: Frömmigkeit ist der persönliche „Stil" eines Lebens aus dem Glauben.

Doch ab dem 19. Jahrhundert wurde mit Frömmigkeit sehr stark das Emotionale, Gefühlsmäßige und individuell Innerliche assoziiert. Das dürfte bis heute so geblieben sein: Wenn man von jemandem sagt, er sei „fromm", meint man oft, dass dessen intimes, *individuelles Gemütsleben* von seiner Gottesbeziehung geprägt ist. Diese Verengung des Frömmigkeitsbegriffs auf den Einzelnen sowie auf Gemüt und Intimität führte dazu, dass man im deutschen Sprachbereich für Frömmigkeit im ursprünglichen, umfassenden Sinn nunmehr das Wort „Spiritualität" verwendete. Dieses Wort entnahm man der französischen Sprache („spiritualité"), wobei der französische Begriff auf das frühchristliche Wort spiritualitas zurückgeht, was man mit „Erfülltsein mit dem Hl. Geist / Gewirktsein vom Hl. Geist" übersetzen könnte.[70] Spiritualität ist also jene „geistliche Gestalt", jener „Stil", in dem jemand sich vom Heiligen Geist führen lässt und – im Heiligen Geist und durch ihn – seinen Glauben lebt und verwirklicht.

Obwohl der Geist, „Spiritus", *einer* ist, bringt er doch eine Vielfalt von höchst unterschiedlichen Spiritualitäten hervor. Woher kommt diese Vielfalt? Sie ist einmal dadurch gegeben, dass alle Glaubenden ganz und gar verschiedene Menschen sind, die das Persönlichste, was sie haben, ihren Glauben, auch auf ganz verschiedene Weise leben, nämlich gemäß ihren verschiedenen Berufungen und Charismen, Lebensumständen und geschichtlichen Situationen. Aber es gibt noch einen zweiten Grund: Christliche Spiritualität hat ihre Basis in der Heiligen Schrift. Und die ist durch eine solche Fülle und einen solchen Reichtum von Aussagen, Weisungen und Perspektiven ausgezeichnet, dass kein Christ all dem in gleicher Weise und mit gleichem Gewicht nachkommen kann. Jeder nimmt – anschaulich gesagt – für sich selbst in der Schrift „Unterstreichungen" vor; dadurch wird einiges hervorgehoben, anderes tritt eher zurück. So entsteht eine Verschiedenheit von Spiritualitäten, d. h. von unterschiedlichen Weisen, den Glauben zu verstehen und zu leben.

Eine solche Verschiedenheit hat es von jeher in der Kirche gegeben. Gemeinsam ist allen Spiritualitäten das Bemühen um ein Leben im Heiligen Geist, die Orientierung am Evangelium und die Bereitschaft zur Nachfolge Christi. Differenzen treten auf durch unterschiedliche Akzentsetzungen und Konkretisierungen, die jeweils der Berufung und Begabung des Einzelnen sowie seiner Biographie und geschichtlichen Situiertheit entsprechen.

So gesehen hat jeder seine eigene, unverwechselbare Spiritualität, seine ganz persönliche Weise, den Glauben im eigenen Leben Gestalt werden zu lassen. Und doch gibt es von Anfang an in der Kirche einzelne Gestalten, von deren persönlicher Spiritualität sich andere inspirieren ließen und an der sie Maß nahmen. Solche Menschen sind spirituelle Leitbilder, deren spezifische Grundlinien und Grundvollzüge in sogenannten *Spiritualitätsfamilien* in der Geschichte weitergegangen sind und weitergehen. So spricht man z. B. von benediktinischer, franziskanischer oder ignatianischer Spiritualität, von der Spiritualität der deutschen oder spanischen Mystik usw.

Auf dieser Linie wollen wir uns jetzt der Frage zuwenden: Gibt es so etwas wie eine spezifische „burjanische Spiritualität", also eine bestimmte geistliche Glaubensgestalt und geistliche Ausrichtung, die im Leben Hildegard Burjans ihren Ursprung hat oder hier in besonderer Weise greifbar wird und von ihr her dann auch bei anderen weitergeht oder weitergehen kann? Und wie sieht diese „burjansche Spiritualität" konkret aus?

Diese Frage ist nicht leicht zu beantworten und, wenn ich recht sehe, ist sie bisher auch noch kaum in dieser Prägnanz gestellt und beantwortet worden. Warum eigentlich? Wenn man wissen will, was benediktinische oder franziskanische Spiritualität ist oder was es mit deutscher oder spanischer Mystik auf sich hat, so ist darauf relativ leicht zu antworten. Man nimmt die Benediktregel her oder die verschiedenen Regelentwürfe und Schriften des Hl. Franz oder vertieft sich in die Meditationen und Predigten der Mystiker. Dann lässt sich eben daraus – aus ihren Schriften also – die spezifische Spiritualität dieser geistlichen Leitbilder ablesen.

Das ist bei Hildegard Burjan anders. Und nicht nur bei ihr! Man kann geradezu sagen: *Eben dies ist ein Grundzug gegenwärtiger Spiritualität, dass sie sich nicht mehr oder jedenfalls nicht mehr vorrangig in Schriften, in geschriebenen Zeugnissen, ausformuliert, sondern im gelebten Leben, im Tun, in der Praxis.* Natürlich kam es auch bei den großen spirituellen Gestalten der Vergangenheit auf das Tun an, aber deren Tun war in viel höherem Maße begleitet von schriftlichen Äußerungen, während seit etwa zwei bis drei Generationen die Praxis einen solchen Vorrang hat, dass sie gewissermaßen nur „nebenher" auch noch in Schriften zum Ausdruck kommt, in Briefen, gelegentlichen Vorträgen oder Artikeln u. dgl.[71]

Weil es heute vorrangig um *Praxis* des Glaubens geht, ist es viel schwieriger, die tiefsten spirituellen Wurzeln eines Menschen freizulegen. Man muss dazu manchmal einen geradezu „kriminalistischen Spürsinn" entwickeln, um hinter einer bestimmten Praxis oder einem bestimmten Stil des Handelns, hinter wichtigen Lebensentscheidungen oder gelegentlichen Äußerungen das eigentliche geistliche Zentrum zu entdecken. Das gilt in ganz besonderer Weise für Hildegard Burjan, die in religiös-geistlichen, aber auch anderen persönlichen Angelegenheiten ausgesprochen verschlossen war. Sie schrieb einmal einer Mitarbeiterin auf ein religiöses

Versprechenstext beim Eintritt ins Noviziat der CS-Schwestern, von Hildegard Burjan selbst verfasst und geschrieben.
„In Deiner Schule zu neuem Leben umgewandelt, will ich Deinem Ruf, o barmherzigster Heiland, folgen und in Deiner Nachfolge mein Leben mit uneingeschränkter Hingabe, mit nie wankender Treue, mit opferverlangender Liebe der leidenden Menschheit weihen ..."

Bildchen ein Wort, das sie selbst in einem Exerzitienvortrag von P. Peter Lippert SJ gehört hatte: „Gott ist unser großes Geheimnis. Zu wem Gott spricht und wer zu Gott spricht, wird still."[72] Um dennoch ein wenig vom Geheimnis ihres Lebens mit Gott aufzudecken und die spirituellen Grundzüge ihrer Gestalt zu entwerfen, muss man mit einem gewissen Spürsinn *hinter* die Fakten und Äußerungen ihres Lebens schauen und sich bemühen, die verschiedenen Faktoren zusammenzusehen und zu integrieren.

Dabei soll nicht ein umfassendes Bild ihres geistlichen Lebens aufgezeichnet werden. Natürlich könnte man leicht alle Grundvollzüge des Glaubens auch im Leben und Wirken Hildegard Burjans ausmachen:[73] ein unerschütterliches Vertrauen zu Gott und ein unermüdliches Fragen nach seinem Willen, eine tiefinnerliche Liebe zu Jesus Christus, die sich äußert im intensiven persönlichen Gebet und im Gebet des Breviers, in der täglichen Teilnahme an der Eucharistiefeier, in der Bereitschaft zur Nachfolge, ja zur Kreuzesnachfolge, in der tätigen Liebe zu ihrer Umgebung und im brennenden Verlangen, Christus in den Armen zu begegnen. Aber all das findet sich auch bei unzählig vielen anderen Christen und Heiligen.

Im Folgenden soll es dagegen nur um das „Spezifische" der Spiritualität Hildegard Burjans gehen, um das, was sie von anderen geistlichen Gestalten unterscheidet, abhebt und hervorhebt. Unter dieser Perspektive sollen mit der genannten Methode des Nachspürens und „Dahinter"-Schauens erstens die jüdischen Dimensionen ihrer Spiritualität, ja ihrer Persönlichkeit aufgedeckt werden. Danach ist in drei Schritten zu zeigen, wie es zu erheblichen, ja wesentlichen Spannungen in ihrem Leben kommt, Spannungen, die geradezu als typisch für eine neuzeitliche Spiritualität anzusehen sind. Davon wird dann am Schluss die Rede sein.

2. Die jüdischen Wurzeln

Um die spirituelle Gestalt Hildegard Burjans zu verstehen, muss man wohl viel mehr, als das bisher geschehen ist, ihren jüdischen Ursprung und Lebenshintergrund beachten.[74] Gewiss, es trifft zu, dass „das Wort ‚Gott' unbekannt [war] im Hause Freund"[75] und Hildegard dort nie jüdische Glaubens- und Lebenspraxis erfahren hat. Mehr noch: Sie hat später ihr eigenes Judentum bewusst verdrängt – bis dahin, dass sie ihrer Tochter Lisa bis zu deren Hochzeit die jüdische Herkunft beider Elternteile verschwieg.[76] Nie nahm sie zur Judenfrage Stellung, „obwohl sie ständig mit oft sehr gedankenlos dahingeplapperten antisemitischen Äußerungen, Sprüchen, Witzen und Vorurteilen gegenüber dem Judentum konfrontiert war."[77] In keinem ihrer offiziellen Lebensläufe (z. B. anlässlich der Parlamentswahl) wird ihr Judesein erwähnt. „Wollte sie durch ihr Schweigen ihre in der Wiener Gesellschaft errungene Position nicht gefährden oder die ihres Mannes?", fragt Ingeborg Schödl völlig zu Recht.[78] Trotz dieses Totschweigens ist die jüdische Prägung ihres Lebens und ihrer Spiritualität m. E. unverkennbar.

Dazu ist jedoch ein wenig auszuholen. Eine der jüdischen Grundvisionen ist die im Alten Testament verwurzelte *messianische Idee*. Sie besagt: Gott selbst bzw. sein Messias werden auf Erden Recht und Gerechtigkeit schaffen; so wird dann in dieser von Gott umgeschaffenen Welt einmal das Reich des Friedens und universalen Schaloms (Heils) aufgerichtet werden. Aber jetzt schon sind das von Gott gerufene Volk und der von ihm berufene Mensch eingefordert, an diesem Werk mitzuarbeiten.

Diese biblisch-messianische Idee wurde in der Neuzeit säkularisiert, d. h. von ihren religiösen Wurzeln und ihrer religiösen Begründung gelöst und als Handlungsziel ganz und gar dem Menschen anheimgestellt. Der Mensch *selbst und er allein* muss den

Messias spielen; er muss aus dieser Welt und in ihr das Reich der Gerechtigkeit und des Friedens schaffen und zwar – wenn es sein muss – in einem revolutionären, die bestehenden ungerechten und friedlosen Verhältnisse umkehrenden Prozess.

Dieser säkularisierte messianische Gedanke war und ist die Mitte jenes „aufgeklärten" säkularisierten Judentums, das zwar den Gottesglauben über Bord geworfen hatte, aber dennoch an der utopischen Idee eines Reiches der Gerechtigkeit hier auf Erden festhielt und festhält. So ist es eben kein Wunder, dass sehr viele Sozialreformer der Neuzeit Juden waren, meist säkularisierte Juden. Zu erinnern ist nur an Karl Marx, Moses Hess, Ferdinand Lassalle, Leo Trotzki, Rosa Luxemburg bis hin zur Gegenwart an Georg Lukács sowie an das „Institut für Sozialforschung" mit Max Horkheimer und Theodor W. Adorno. Und es ist kein Wunder, dass die großen humanitären Bewegungen und Aktionen der Neuzeit von Juden ausgingen, gerade auch in Deutschland und Österreich, und vor allem in den Jahren, da Hildegard Burjan in Wien wirkte. Brigitte Hamann schreibt in ihrem wichtigen Buch „Hitlers Wien" über die damaligen sozialen Aktivitäten und Institutionen:

> „Die großzügigsten Stiftungen stammten traditionellerweise von jüdischen Philanthropen, so Baron Rothschild [u. a.] … Der prominente Rechtsanwalt Dr. Moritz Singer leitete den Verein der Wiener Suppen- und Teeanstalten, wo … der ärmeren Bevölkerung [u. a.] Kakao mit Milch und Gemüse ausgegeben wurden. Wiener Juden finanzierten Kinder- und Waisenhäuser, Wärmestuben und Tausende täglicher Essensplätze und Stipendien für bedürftige Studenten."[79]

Dabei waren jüdische Eliten nicht nur im Bereich des Sozialen tätig, sondern im umfassenden kulturellen Raum, den sie in unerhörtem Maße nach ihren Vorstellungen gestalteten. In all dem machte sich und macht sich noch ein säkularisierter Messianismus bemerkbar. Kurz: es gehört zum Leitbild gerade auch des „aufgeklärten" Judentums, sich für Recht und Gerechtigkeit, Menschlichkeit und Solidarität unter den Menschen sowie für kulturellen Fortschritt und kulturelle Erneuerung einzusetzen und dieses Ideal an die nachfolgende Generation weiterzugeben.

Wenn wir auf Hildegard Burjan schauen, so wird auf diesem Hintergrund verständlich, dass sie bereits lange vor ihrer Hinkehr zum christlichen Glauben sozial engagiert war, ein Engagement, das wohl in ihrem Judentum und ihrer jüdischen Erziehung wurzeln dürfte. So gründet sie schon am Anfang ihres Universitätsstudiums einen Hilfsfond für arme Studenten und steuerte selbst von ihrem nicht gerade üppigen Taschengeld dazu bei. „Ach, was bin ich als junge Studentin unsinnig viel zu Fuß gelaufen, um das Geld für anderes zu sparen", sagt sie einmal.[80] Und dieses „andere" war der soziale Fonds.

Schon zu Anfang ihres sozialen Engagements in Wien bemerkt sie, dass sie all das tut, „weil ich mich jeden Augenblick irgendwie für das viele Traurige verantwortlich fühle, das auf der Welt geschieht."[81] Einen Hilfsfond gründen und unterhalten, „Sich-verantwortlich-Fühlen für die Welt" sowie die Idee einer strukturellen Veränderung gesellschaftlicher Verhältnisse auf größere Gerechtigkeit und Menschenwürde hin – all das erhebt sich deutlich auf einem jüdischen Hintergrund, weil sich in den damaligen christlichen Kirchen (bis zur Enzyklika Leo XIII. „Rerum Novarum") soziales Engagement vorwiegend in *individueller* karitativer Hilfeleistung erschöpfte und der *Gedanke einer solidarischen Verantwortung für die ganze Welt damals nirgendwo sonst* (!) *auftaucht als eben in jüdischen Traditionen.*

Damit dürfte ein Weiteres zusammenhängen: Die kirchlich

karitative Praxis, zumal die sozialen Verpflichtungen und Aufgaben der Zeit, wurde sozusagen aus allgemeinen Grundsätzen und Ideen herausentwickelt, sodass das soziale Tun als jeweils konkrete Anwendung höherer Prinzipien auf den individuellen Fall hin erschien. Auch hier verläuft jüdisches Denken anders: Man geht viel mehr von einer tiefen Wahrnehmung des Einzelfalls aus und lässt sich von ihm her gewissermaßen die „Prinzipien" geben. So finden wir es auch bei Hildegard Burjan. „Wir müssen den Mut haben, vom Leben zu lernen,"[82] bemerkt sie. Oder an anderer Stelle: „Wir mussten aus der Erfahrung lernen. Es lassen sich ja keine unumstößlichen Theorien in der sozialen Arbeit, die doch immer im Fluss und an verschiedenen Orten Schwankungen unterworfen ist, aufstellen."[83]

Noch ein weiteres hervorstechendes Element der Tätigkeit Hildegard Burjans weist auf einen jüdischen Hintergrund hin: ihr Engagement für die *Frauenfrage*. Diese war damals ein wesentlicher, virulenter Faktor der Sozialen Frage insgesamt; sie artikulierte sich in der gegen Ende des 19. Jahrhunderts beginnenden Frauenbewegung.[84] Zwar gab es schon vor Hildegard Burjan Ansätze einer katholischen Frauenbewegung in Österreich, doch hatte diese – wie die gesamte katholische Sozialarbeit – eher religiöse und karitative Motive. Es war nicht zuletzt Hildegard, welche der katholischen Frauenbewegung eine politische, d. h. sozialreformerische Zielsetzung gab (z. B. was die Frauenarbeit[85] und die spezifische Mitwirkung von Frauen in der Politik anging).

Eine wesentliche Wurzel dieser politisch verstandenen Frauenemanzipation liegt nun gleichfalls im humanistischen Judentum der damaligen Zeit. Es waren jüdische Frauen, unter ihnen etwa Henriette Führt, Josephine Levy-Rathenau und Camilla Jellinek, die 1884 in Deutschland den „Bund deutscher Frauenvereine" gründeten.[86] Und es war die Jüdin Edith Stein, die sich nur kurze

Zeit später als Hildegard Burjan öffentlich für eine Neueinschätzung der Frau einsetzte, wobei Edith Stein eher vom „Wesen der Frau" ausging, Hildegard Burjan dagegen mehr die politisch-soziale Stellung der Frau ins Auge fasste.

Und noch ein letzter kleiner Verweis für „das Jüdische" bei Hildegard Burjan: Auch ihre Studienfächer: Germanistik, Philosophie, Kulturgeschichte entsprechen perfekt dem verbreiteten Engagement jüdischer Eliten im damaligen Kulturleben Mitteleuropas.

So gründen wesentliche Züge der spezifischen Gestalt Hildegards in ihrem (ihr selbst wohl unbewussten) jüdischen Hintergrund: Entschiedenes praktisches Engagement für Recht und Gerechtigkeit in dieser Welt, Sich-verantwortlich-Wissen für das, was weltweit in der Geschichte geschieht, Mitarbeit in den Bewegungen der Zeit (Soziale Frage, Frauenfrage). Wir werden darauf zurückkommen.

3. Leben in Spannungen

(a) Erstes Spannungsfeld: Den Menschen Christus bringen und/oder Sozialarbeit?

Die Hinwendung zum christlichen Glauben gibt Hildegard Burjan in ihrem bisherigen, tief im jüdischen Kontext verwurzelten sozialen und kulturellen Engagement eine neue Motivation und Zielrichtung: „Von Jesus Christus selbst auf ein bestimmtes Elend hingewiesen werden, in seinem Auftrag und an seiner Hand hingehen, es zu lindern – um seine Liebe aufscheinen zu lassen,"[87] so formuliert sie jetzt Motiv, Absicht und Weise ihres sozialen Einsatzes. Also „nicht aus soziologischen Gründen, nicht bloß aus Mitleid mit den leiblichen Nöten des Nächsten, ... sondern in erster Linie aus religiösen Gründen"[88] engagiert sie sich ab jetzt im sozialen Sektor. Es soll – wie sie selbst sagt – „nicht nur äußeres Elend beseitigt, sondern neues Leben in Christo erweckt"[89] werden; es gilt, „die Liebe Christi unter die armen Menschen zu tragen."[90] „Caritas Christi urget nos" – „Die Liebe Christi drängt uns", gibt sie der CS als Leitwort auf den Weg. So wie die Arbeit der Krankenschwestern, der Borromäerinnen, die sie bei ihrer schweren Krankheit erlebt hat, für sie ein Werkzeug der Gnade war, so versteht sie nun auch selbst ihr Leben und ihre Arbeit als Instrument des Wirkens Christi.[91] Ebenso hat die Caritas Socialis „ein brauchbares Werkzeug Gottes" zu sein. Und deshalb heißt es auch in der von Hildegard verfassten Weiheformel der Caritas Socialis: „Ich danke Dir aus tiefstem Herzen dafür, dass Du mich würdigst, ein Werkzeug Deiner Liebe zu sein." Dafür sind Leben und Arbeitskraft als Geschenk Gottes zur Verwaltung übertragen, gewissermaßen „geliehen" worden, um sie als Werkzeug Gottes zu seiner Ehre weiterzugeben und zurückzugeben. „Wir müssen uns immer sagen, dass wir alles, was wir besitzen, nur von Gott geliehen haben und ihm daher gerne wieder zurückgeben wollen, wenn er es uns nimmt."[92]

Um aber wirklich Werkzeug Christi sein zu können und *mit ihm* und *für ihn* zu den Armen zu gehen, werden das Hinhören auf den Willen des Herrn und der Gehorsam ihm gegenüber von vitaler Wichtigkeit. Das Hinhören geschieht für Hildegard Burjan zunächst einmal im Gebet. Sie berät all ihre Pläne mit Gott, prüft sie „vor dem Tabernakel" (ein geflügeltes Wort von ihr, das sie auch den Schwestern immer wieder weitergibt). Hier im Hören „vor dem Tabernakel" versucht sie, die verworrenen Knoten anstehender Probleme zu lösen.

Das Zuhören geschieht aber auch in der Verbindung mit dem Leben der Armen selbst. „Gott gibt uns den Verstand, damit wir die Not einer Zeit, die Ursachen dieser Not, die Mittel, die zur Abhilfe führen, erkennen."[93] Und dieser „prüfende Verstand" setzt Menschen voraus, die „die große komplizierte, moderne Not gesehen haben, die nur erfasst werden kann von Menschen, die im Leben stehen."[94] So lässt erst die Präsenz im „Leben der ärmsten Schichten auch diese immer besser begreifen lernen und immer feinhöriger für ihre Bedürfnisse werden," sagt sie.[95]

Gebet *und* Präsenz unter den Armen machen ihr also den Willen Gottes kund, dessen Ausführung ihr zum unbedingten Muss wird. Das wurde auch ihrer Umgebung deutlich. So sagte eine Mitarbeiterin einmal: „Ich kann ja dagegen sein, wenn aber Frau Doktor erkennt, dass die Sache im Willen Gottes liegt, wird sie es bestimmt durchsetzen."[96] Deshalb kann Hildegard zurecht am Ende ihres Lebens sagen: „Ich habe vieles schlecht gemacht in meinem Leben, aber das eine weiß ich – ich habe niemals etwas anderes als den Willen Gottes gesucht."[97] In der Bereitschaft, den Willen Gottes zu vernehmen und ihn in die Tat umzusetzen, wird sie zum „Genie im Entdecken von Not und der Entwicklung von Abhilfemaßnahmen."[98] Im Gehorsam gegenüber ihrem Ruf wird sie zur „Närrin", läuft sie vor allem bei den ermüdenden Hausbesuchen herum wie eine „Bettlerin", bis sie „vor Schmerzen und Müdigkeit nicht mehr weiter kann".[99] Gleichwohl: „Ich will geben, will mich erschöpfen in Liebe für andere."[100] In all dem sagt sie Ja zum Weg des Kreuzes mit Christus.[101]

Diese neue, im christlichen Glauben gründende religiöse Motivation für ihren sozialen Einsatz löst nun aber den zuvor skizzierten jüdischen Hintergrund ihres sozialen und kulturellen Engagements nicht einfach ab. Sie erkannte gerade, dass angesichts des unendlichen sozialen Elends im damaligen Wien die bisherige Sozial- und Frauenarbeit der katholischen Kirche viel zu sehr auf Wohltätigkeit, d. h. auf das Spenden von Almosen und auf eine religiös-sittliche Zielrichtung hin beschränkt war und einen viel zu geringen strukturverbessernden, situationsverändernden, weltgestaltenden Charakter hatte. In diese individualistische und spiritualistische Sicht stellt sie – ganz im Zuge ihrer ursprünglichen Einstellung – die Dimension von Öffentlichkeit und Organisation, Strukturreform und politisch-gesellschaftlicher Erneuerung, und dies in einem ganz und gar umfassenden Maß, das hier nicht im Einzelnen ausgeführt werden kann. Jedenfalls lautet nun ihr Motto: „Fürsorge … muss den Wurzeln der Notlage nachgehen."[102] Zusammengefasst mit den Worten Alfred Koblbauers:

„In unermüdlicher, demütigender Kleinarbeit nimmt sie sich der Ärmsten an: der mit Schundlöhnen abgespeisten Heimarbeiterinnen, der skrupellos zur Arbeit ausgenutzten Kinder. Noch vor Ausbruch des ersten Weltkriegs rüttelt sie die satte Gesellschaft aus ihrer gedankenlosen Lässigkeit, indem sie … mit der Wärme und Glut einer Prophetin … auf das Los dieser modernen Parias hinweist. Als anerkannte Anwältin dieses deklassierten Standes, als Heimarbeiterinnenmutter Wiens, sehen sie die bitteren Jahre des nutzlosen Völkerringens. Aber über Wien hinaus schafft sie für die durch Arbeitslosigkeit, Hunger und Not bedrängten Erzgebirgler Böhmens Arbeit und Brot."[103]

Diese im eigentlichen Sinn politische und strukturreformerische Dimension der sozialen Tätigkeit war ein Novum im bisherigen katholischen Leben Österreichs. Zwar hatte schon die Enzyklika „Rerum Novarum" Leos XIII. dazu aufgefordert, doch die österreichische Kirche war dem bisher kaum nachgekommen. Jetzt ist sie es, eine Frau mit jüdischer Vergangenheit, die in der österreichischen Kirche programmatisch formuliert: „Religiöse Vereinigungen allein genügen heute nicht. ... Wir müssen eine geschlossene Macht darstellen, wenn wir nicht zusehen wollen, wie über unsere Köpfe hinweg regiert und zerstört wird. ... Volles Interesse für die Politik gehört zum praktischen Christentum."[104] Aber eben dieses sozial- und kulturpolitische Interesse, das sie bereits vor ihrer Konversion zeigt, wird – wie wir sahen – vom Glauben her modifiziert, erweitert, vertieft. Es geht jetzt darum, Christus zu den Menschen zu bringen, es geht darum, dass „christliche Nächstenliebe und soziale Arbeit zusammenwirken müssen."[105] Aus der Reform des Innern muss das sozialpolitische Engagement erfließen.[106] Damit wird auch das Ziel des sozialreformerischen Tuns ein anderes: „Das Paradies auf Erden kann und wird nie unser letztes Ziel sein."[107] Alle sozialen Tätigkeiten, alle Motive, Ziele und Mittel, müssen gewissermaßen durch den Filter des christlichen Glaubens hindurch.

Von hier aus muss man wohl auch ihre fast aus dem Rahmen fallende Polemik gegen die sozialdemokratische Partei und die ihr nahestehenden Gruppierungen verstehen. Sonst ist Hildegard Burjan nach übereinstimmendem Zeugnis aller, die sie kannten, jemand,

der Grenzen überschreitet, das Verbindende zwischen Andersden-
kenden betont und um Achtung und Verständnis für andere wirbt.
So schreibt sie an Bischof Waitz, „dass ich weit eher den Fehler
habe, das Interkonfessionelle [gemeint ist im Zusammenhang:
das über die verschiedenen Gruppierungen und Parteien stehende
Gemeinsame] zu sehr zu betonen."[108] Doch kann sie gegen die damalige stark antireligiös geprägte Sozialdemokratie, welche die soziale Frage allein durch Strukturen, nämlich durch ein staatliches
Fürsorgesystem lösen wollte, von unbarmherziger Schärfe sein. So
sagt sie etwa: Wenn eine katholische Frau bei einer sozialdemokratischen Vereinigung Schutz sucht und ihre Interessen vertreten
lässt, merkt sie nicht, „dass sie damit auch ihre Seele dem zerset-
zenden Parteigeist ausliefert."[109] Oder – an anderer Stelle schreibt
sie –, dass auf diese Weise

> „das Gift der sozialdemokratischen Weltanschauung in die in-
> nerste Familie dringt. … Und wenn die äußere Form unserer
> Organisation [Verein der Heimarbeiterinnen] auch die gleiche ist
> wie bei den Sozialdemokraten, so werden die Mittel und Ziele
> sicher die entgegengesetzten sein. Bei all unserer Arbeit … muss
> uns doch als höchster Leitstern vorschweben, dass der Mensch
> nicht allein vom Brot lebt, sondern dass seine Seele voll Sehnsucht
> nach Gott verlangt. Deshalb werden auch die Sozialdemokraten
> nie zu einer wirklich segensreichen Tätigkeit kommen, weil sie
> statt Liebe Hass säen; sie predigen den Klassenkampf und geben
> Steine statt Brot."[110]

Vielleicht erklärt sich diese überraschende Heftigkeit von daher,
dass Hildegard Burjan in der sozialistischen Programmatik und
Pragmatik ein Stück weit ihrer eigenen Vergangenheit begegnet,
da sie sich noch ohne Glauben und ohne das Vorzeichen christli-

cher Werte und Ziele für soziale Zielsetzungen engagierte. Trifft diese Vermutung zu, so zeigt gerade die Heftigkeit ihrer Reaktion aber auch, dass sie mit der hier zutage tretenden Problematik noch nicht fertig ist. *Es ist das Problem der Vermittlung zwischen konkret-sachlicher Sozialarbeit und politischer Strukturreform auf der einen Seite und christlicher Sendung, innerer Gesinnungsreform und Zuwendung zum Einzelnen auf der andern Seite.* Man findet in der Tat, dass Hildegard Burjan oft zwischen diesen beiden Polen hin und her pendelt.

Auf der einen Seite kann sie ganz auf die innere Motivation setzen, die Zuwendung zum Einzelnen herausstellen und die soziale Arbeit geradezu auf die zweite Stelle verbannen, so wenn sie etwa die Caritas Socialis als eine „in erster Linie und vor allem ... religiöse Gemeinschaft [bezeichnet], die sich die Vertiefung und Verinnerlichung ihrer Mitglieder und dadurch *indirekt* die Befruchtung der sozialen Arbeit zur Aufgabe gemacht hat"[111]. Oder wenn sie sagt, „dass Opfern und Sich-Absterben das letzte Programm der Caritasschwestern ist und dass dahinter die Osterhoffnung aufsteigt: Menschen durch sein Opfern aufrichten, Seelen retten zu dürfen."[112] Oder: „Bei aller sozialen Arbeit muss das Ausschlaggebendste und Wertvollste und Wichtigste die Seelengewinnung sein. ... [Sie ist] das Erste und Oberste."[113]

Auf der andern Seite kann sie in ihrem konkreten Tun und Reden die Sache der konkreten Sozialarbeit und der konkreten sozialen Reformen so in den Vordergrund stellen, dass der christliche Glaube dazu „nur" die Motivation hinzufügt, in dem Sinn, dass es darum geht, „Menschen zur sozialen Arbeit *im Geiste Christi* bereit und geeignet zu machen."[114] Immer wieder bricht sie die Beschränkung auf die Zuwendung zum Einzelnen auf mit der Forderung, sich für *umfassende* soziale Reformen einzusetzen. „Nicht begnügen an der einzelnen Hilfeleistung, sondern neue Mittel und Methoden der Hilfe finden. Von der momentanen Fürsorge müssen wir zurückgehen auf die Wurzeln des Übels."[115] Ja, die religiöse Intention kann sogar ganz aus dem Blickfeld verschwinden, wenn sie sagt: „Wir sollen uns nur darum kümmern, ob die Leute arm sind und bedürftig und in großer Not. Alles andere fällt weg."[116] Kein Wort also mehr von „Seelengewinnung"!

Deswegen wurde sie in ihrer politischen Tätigkeit nicht nur von den Sozialdemokraten oft besser verstanden und unterstützt als von den eigenen Reihen, ein Vertreter dieser Partei formulierte sogar einmal: „Ja, die Frau Abgeordnete Burjan, das ist wahrhaft eine Sozialistin!"[117]

Beides also findet sich bei Hildegard Burjan: Äußere soziale Arbeit *und* Betonung der inneren Haltung und Motivation, äußere Strukturreform *und* Zuwendung zum Einzelnen, dem sie Christus näher bringen will. Daraus zieht Hanna-Barbara Gerl-Falkovitz zu Recht den Schluss: Hildegard „ist *nicht* in die Falle der Alternative ‚strukturelle Veränderung' oder ‚konkrete Hilfe im Einzelfall' gegangen. Dass sie an beiden Fronten das ‚Unmögliche' durchsetzte, macht ihre eigentümliche Größe aus."[118] Das ist richtig! Aber diese „Größe" ist erkauft durch das Durchhalten einer unaufgelösten Spannung, die nicht zur Synthese gebracht ist, die vielmehr als bleibende Spannung ihr Leben und ihren sozialen Einsatz kennzeichnet. Einmal wird mehr dies, das andere Mal mehr jenes betont, und sehr oft beides einfach unvermittelt nebeneinander gesetzt,[119] so wenn sie z. B. in einem Brief schreibt, dass die Hilfe der CS-Schwestern „nicht nur äußeres Elend beseitigt, sondern neues Leben in Christo erweckt."[120]

Das Ungelöste dieser Spannung wird besonders deutlich an ihren Bemerkungen zum Noviziat innerhalb der Caritas Socialis. Dazu schreibt sie: „Im Anfang ist mir das Noviziat wie eine soziale Frauenschule vorgekommen: damals haben wir das Wichtige, die Schulung, in der Sozialen Frauenschule gesehen [Also das eine Extrem: äußere soziale Arbeit!]. Dann haben wir gesehen, dass das doch nicht ganz die richtige Erziehung ist und sind ins andere Extrem gefallen, in die religiös aszetische Bildung. … Nun wollen wir aus beiden Versuchen das Richtige herausfinden."[121] Hier wird am Beispiel des Noviziats die ganze, nie gelöste Spannung zwischen äußerer sozialer Tätigkeit und religiös-christlicher Motivation und Sendung besonders offensichtlich.

Die gleiche ungelöste Spannung geht schließlich aus folgendem Faktum hervor: Während eines Kuraufenthalts in Brixen liest sie die Lebensbeschreibung des Gründers der Eucharistiner, P. Jules Eymard. Sie ist ungeheuer beeindruckt. Bei ihm meint sie so etwas wie ein Gleichgewicht zwischen Gebetsleben und apostolischer Tätigkeit festzustellen. „Es ist einfach erstaunenswert", sagt sie, „wie dieser Père Eymard die gleiche Einstellung zu Gott hat wie ich. … Wenn ich schreiben würde, wie ich zu diesen Dingen stehe, ich könnte kein Wort anders sagen."[122] Das aber ist verblüffend. Denn zwar sucht P. Eymard die Einheit von kontemplativem und aktivem Leben zu finden; dazu braucht er oft das Bild vom Feuer und von den daraus notwendig schlagenden Flammen. Das heißt: Aus dem Feuer der Kontemplation, das sich vor allem in der eucharistischen Anbetung entzündet, haben die Flammen aktiven Tuns hervorzugehen. Doch steht bei Eymard das Kontemplative eindeutig im Vordergrund. Ja, manchmal scheint das aktive Element bei ihm im rein spirituellen Tun zu bestehen. Denn das höchste Tun des Menschen ist nach ihm ein „ein innerer Akt", nämlich „die Hingabe der eigenen Person an Gott", und die bedeutet für Gott „eine höhere Ehre und größere Liebe als alles Apostolat auf der ganzen Welt".[123] Wenn Hildegard dem zustimmt, würde das heißen, dass wenigstens gegen Ende ihres Lebens das praktische soziale Tun mehr und mehr relativiert wird zugunsten der inneren Dimensionen christlichen Glaubens. Doch eher noch wird man von einer bleibenden, nicht gelösten Spannung sprechen müssen.

(b) Zweites Spannungsfeld: Kindlichkeit und/oder Selbstbewusstsein?
Eine der ersten vergleichbare Spannung zeigt sich, wenn wir auf die Gottesbeziehung Hildegard Burjans blicken. In deren Zentrum steht die Haltung des Vertrauens zur Vorsehung und zur Führung Gottes. „Sie wissen meinen Wahlspruch:", schreibt sie, „Deus providebit!"[124] Und weiter: „Man überlässt alles, aber auch alles der göttlichen Vorsehung."[125] Oder: „Ganz groß sind unsere Sorgen, aber unendlich größer ist unser Vertrauen zu Gott …"[126] Bis buchstäblich auf ihrem Sterbebett bringt sie dieses Vertrauen zur Vorsehung zum Ausdruck, wenn sie sagt: „Um die Caritas Socialis ist mir nicht bange, ich weiß, sie wird bestehen. … Ich habe sie Gott übergeben, Gott wird sie führen."[127] Diese Perspektive der Gottesbeziehung unter den Stichworten „Vorsehung Gottes", „Führung durch Gott", „Vertrauen von Seiten des Menschen" dürfte sich gleichfalls jüdischem Erbe verdanken. Denn obwohl Hildegard nie jüdisches Glaubensleben erlebt und praktiziert hat, wird sie doch mit Sicherheit spätestens in der Schule gehört haben, dass in der Mitte des alttestamentlichen Glaubens die Überzeugung steht, dass Gott sich um sein Volk sorgt und es durch die Geschichte mit seiner Führung begleitet. Aber der jüdische Hintergrund mag hier dahingestellt sein.

Bemerkenswerter noch ist etwas anderes: In ihrem Bekehrungserlebnis hat sie die Gnade Gottes erfahren, und zwar eine Gnade, die ihr ganz persönlich zuteil wurde und ihr, die bisher auf ihre eigene Vernunft und Kraft vertraute, die Einsicht gab, aus sich heraus nichts, mit der Gnade Gottes aber alles zu vermögen. Wohl von dieser Erfahrung her kommt in ihre Spiritualität ein geradezu naiver Zug von Kindlichkeit und kindlichem Vertrauen. Sie, die von einigen Zeitgenossen als „die gescheiteste Frau von Wien" apostrophiert wurde,[128] lehnt jedes kritische Nachdenken über den Glauben ab: „Ich habe mich entschlossen zu glauben so wie es Gott durch seine Kirche lehrt, darum will ich eben glauben und nicht wissen."[129] Hildegard Waach fasst diese Haltung zutreffend so zusammen: „Der Kern ihrer Frömmigkeit [war] sehr einfach. Sie hätte ihn vielleicht mit den Worten ausdrücken können: Gott und ich. Er in mir und ich in ihm – wie ein Kind in den Armen seines Vaters. ... Gleich dem Kind eines mächtigen Vaters, der allein die Verantwortung trägt, fühlte sie sich in Gottes Armen ruhig und geborgen."[130] So sagt sie auch noch auf ihrem Sterbebett: Gott hat mich „auf den Armen getragen wie ein Kind."[131] Dieser Grundhaltung entsprechend war auch ihre religiöse Sprache kindlich. Sie sprach unkompliziert vom „lieben Gott", „lieben Heiland" oder gar vom „Christkindlein" und „Kreuzlein", nicht selten auch in Verbindung mit weiteren Diminutivformen, so etwa, wenn sie sagt: „Ach, wenn mir der liebe Gott doch ein Brieflein schriebe, was ich in dieser oder jener Sache zu tun habe!"[132] Sie spricht unbefangen davon, sich „durch Verdienste den Himmel zu erwerben,"[133] hat zur Kirche eine Beziehung kindlichen Gehorsams und zu den in der damaligen Kirche mit Vorliebe gepflegten Frömmigkeitsübungen „ein kindlich ungestörtes Verhältnis,"[134] etwa zu Gebets- und Opfertagen, Sühneandachten, Aussetzungen, Wallfahrten usw.

Diese Seite der Kindlichkeit ihrer Gottesbeziehung und der selbstverständlichen kirchlichen Praxis steht nun in erheblicher Spannung zu dem, was sie sonst in ihrem Leben darstellt, eben nicht Kindlichkeit, sondern Selbstbewusstsein und Eigenstand. Sie ist und bleibt eine Intellektuelle, die mit nüchterner Sprache und in rationalem Durchblick die Probleme angeht. So kann sie mit Kraft und Klugheit die schwierigsten Situationen spielend beherrschen und zeigt nach außen ein zielbewusstes, vorstürmendes, energisches Wesen, das sich „in der gallertartigen Masse des österreichischen Katholizismus wie ein Fremdkörper aus[nahm]." Man warf ihr sogar vor, „angeblich zu sehr auf ihrer Meinung [zu beharren]. Sie kannte keine Demut. Was sie als richtig erachtete, dafür setzte sie sich auch ein. Was ihr unrichtig vorkam, dem sagte sie den Krieg an. Rücksichten kannte sie dabei nicht. Um der guten Sache willen ... konnte sie alles wagen." So zusammenfassend Hildegard Waach.[135] Was immer im Einzelnen an diesen Vorwürfen zutrifft – tatsächlich hat es Burjan an Vitalität nicht gefehlt, und gelegentlich konnte es auch zu zornigen, freilich immer auch bald wieder beherrschten Regungen über Nachlässigkeiten und Schlampereien in ihrer Umgebung kommen –, sicher ist, dass bei ihr die Weise selbstbewussten Denkens und Auftretens auf der einen und ihre anfangs erörterte kindliche Gottesbeziehung auf der andern Seite in einer erheblichen Spannung zueinander stehen.

Auch die religiösen Übungen, die sie in kindlich selbstverständlicher Weise praktiziert, kann sie ggf. durchaus relativieren. Den Schwestern der CS sagt sie, dass es Menschen bedarf, „die im Leben stehen, äußerlich und innerlich frei sind, nicht engstirnig und pharisäisch. ... Wir brauchen Menschen, die nicht zu anderen predigen gehen, die nicht das Wichtigste in ihren eigenen abgeschlossenen Übungen sehen," es geht darum, „die Arbeit zu einem Gebet" zu machen.[136]

Ingeborg Schödl deutet die hier zutage tretende Spannung als „unterschiedliche Verhaltensweisen in gewissen Situationen."[137] Vielleicht liegt aber der eigentliche Grund noch tiefer. Hildegard Burjan selbst fragt einmal: „Ob es möglich ist, Martha und Maria zugleich zu sein? Ganz sicher – und es ist das große Ideal, das wir versuchen wollen mit aller Kraft in der Caritas Socialis zu erreichen."[138] Aber es ist eben ein Ideal, das sie selbst nur in der Weise erreicht hat, dass bei ihr das Maria-Sein und Martha-Sein, kindliche Gläubigkeit und intellektuell begründetes selbstbewusstes Handeln in einer oft nicht zu vereinbarenden Spannung nebeneinander liegen.

(c) Drittes Spannungsfeld: Leben nach dem Evangelium und/oder Leben in der Welt?

Die Bekehrung Hildegard Burjans führte sie wie so viele andere, die als Erwachsene den Glauben fanden, zu einer grundsätzlichen, radikalen Lebenswende, die sie am liebsten durch den Eintritt in einen Orden besiegelt hätte, wenn ihr dies als verheirateter Frau möglich gewesen wäre. Sie schreibt: „Ich wäre zweifellos in einen Orden eingetreten; wie viel einfacher hätte sich dann mein Leben abgespielt! Aber alle die Werke, die ich schaffen durfte, wären nicht da. Ich bin sicher, dass dies so in Gottes Absicht war."[139] Das heißt: Hildegard Burjan ist sich dessen bewusst: Weil die Radikalität eines Ordenslebens für sie als verheiratete Frau nicht in Frage kam, führte Gott sie einen anderen Weg, der aber nicht weniger schwierig und radikal war. Der Weg war *radikal*, insofern sie ganz nach dem Evangelium zu leben versuchte gemäß ihrem Wort: „Es ist kein einziger der evangelischen Räte, den nicht jemand in der Welt Lebender und sogar Verheirateter befolgen könnte. Den Geist wird eine verheiratete Frau ohne jeden Unterschied befolgen können wie eine Schwester, die im Kloster lebt."[140] Und der Weg war *schwierig*, weil er durch das Aushalten von geradezu unerträglichen Spannungen gekennzeichnet war. Sie litt – so Schödl – „unter den ständigen Kollisionen, die sich einfach dadurch ergaben, dass ihre Pflichten als Frau und Mutter und ihr weitgesteckter Aufgabenbereich als Initiatorin vieler Aktivitäten ... schwer zu koordinieren waren."[141] Hildegard Burjan selbst formuliert diese Spannung so: „Ich könnte doch das schönste gesellschaftliche Leben führen, die große Dame sein, die sich allen Luxus und die herrlichsten Reisen gönnen könnte, und da laufe ich herum wie eine Bettlerin, bis ich vor Schmerzen und Müdigkeit nicht mehr weiter kann. ... Da muss ich mich manchmal fragen, ob das alles nur eine Narretei von mir ist, ob am Ende alles Täuschung ist. ... Man hat ja nur *ein* Leben zu leben."[142]

Leben in Spannungen: Als Grande Dame der „höheren Gesellschaft" im eleganten Pelzmantel (oben) und als Schwester der Caritas Socialis im einfachen Kleid (rechts).

Sie litt unter der Spannung, aus Pflichtgefühl gegenüber ihrem Mann (und vielleicht auch ein wenig aus eigenem Wollen) „ganz Dame" in großbürgerlichem Milieu zu sein und auf der anderen Seite im sozialen Dienst wie eine „Bettlerin" und „Närrin" mit Armen umzugehen und „Anwältin" der Unterdrückten und Entrechteten zu sein. Dabei war diese Spannung zuallererst ihr ganz persönliches Problem, denn offensichtlich nahm sonst niemand an dieser ihrer „schizophrenen Lebensweise" Anstoß. Irmgard Burjan-Domanik schreibt dazu:

> „Jeder stand unter dem Eindruck ihrer völligen Losgelöstheit, ihrer Gottverbundenheit und sah in diesen äußeren Umständen nur äußere Zufälligkeiten, die eben so, wie sie waren, im Plane Gottes gelegen sein mochten. Keine der Schwestern hatte jemals ein Bedenken oder einen Konflikt in dieser Hinsicht. Vielmehr machte es einen um so tieferen Eindruck, dass eine Frau, die gesellschaftlich eine so glänzende Rolle hätte spielen können, die alle Voraussetzungen für weltliche Glückseligkeit hätte, sich ganz dem Dienst Gottes weihte und diesen Dienst in harmonischen Einklang zu bringen vermochte mit den Pflichten ihres Standes."[143]

Sie dagegen litt unter der Frage, ob sie so viel Geld für die Ärzte, Kuren und Erholungen ausgeben durfte.[144] Sie litt unter der Spannung zwischen der Herausforderung, ein hochherrschaftliches Haus zu führen, in dem die Spitzen der Wirtschaft und Politik verkehrten und in dem man nicht selten große Feste und Feiern beging, und auf das ihr Mann höchsten Wert legte,[145] und ihrer Aufgabe, einer am Evangelium orientierten Gemeinschaft eheloser Frauen vorzustehen, von denen sie größtmögliche Armut forderte. Sie litt darunter, um der öffentlichen Tätigkeit in Kirche und Gesellschaft willen ihrer einzigen Tochter vieles schuldig bleiben zu müssen.

Dass dies auch in ihrem Inneren alles ungelöste Spannungen waren, wird besonders daran deutlich, dass sie, die als studierte Frau in ihrer politischen Tätigkeit, „in ihrem Lebensstil und den Freiheiten, die sie für sich in Anspruch nahm, ihrer Zeit um Jahrzehnte voraus war, ... [aber] ihrer Tochter ... ein von Kirche und Gesellschaft geprägtes Rollenverhalten auf[drängte]. Es war das Frauenbild der höheren Gesellschaftskreise, von dem sie sich anscheinend in ihrem privaten Lebenskreis doch nicht lösen konnte," so Ingeborg Schödl.[146]

Nimmt man all diese und auch die in den vorangehenden Abschnitten herausgestellten Spannungen zusammen, nimmt man noch dazu, dass sie seit der ihrer Konversion vorangehenden Krankheit keinen Tag mehr schmerzfrei war,[147] bedenkt man weiter, dass sie in ihrer sozialen Tätigkeit ständig – wie sie selbst sagt – mit den „Nachtseiten der eigenen Seele" konfrontiert wurde,[148] so verwundert es nicht, dass ihr auch die Erfahrung der „Gottesfinsternis" nicht fremd war. Bei einer außergewöhnlichen seelischen Belastung rief sie aus: „Gibt es denn einen Gott?"[149] Auch die „Absetzung" als Oberin der Caritas Socialis durch Kardinal Innitzer trieb sie angesichts der noch nicht gefestigten Zukunft der Gemeinschaft in eine tiefe Depression. Weinend sagte sie: „Ich weiß wirklich nicht, was ich tun soll. In diesen Pfingsttagen wollen wir alle den Heiligen Geist bestürmen, *er möge uns den Weg zeigen* – ich weiß keinen."[150] Das Gleiche wiederholte sich noch einmal kurz vor ihrem Sterben: Sie spürte ihre ganze Hilflosigkeit, da so vieles in der CS noch offen und ungelöst war, und sah sich in ihrem Glauben aufs Äußerste herausgefordert, eine Herausforderung, die sie mit einem ihrer schon angeführten letzten Worte äußersten Vertrauens beantwortete: „Um die Caritas Socialis ist

Heutige Grabstätte Hildegards in Wien IX, Pramergasse 9.

mir nicht bange. ... Ich brauche nicht mehr von ihr zu sprechen, ich habe sie Gott übergeben, Gott wird sie führen. Ich glaube fest an ihre Zukunft!"

Im Folgenden sei das bisher Ausgeführte nicht nur kurz zusammengefasst, sondern auch vor dem Hintergrund spezifisch neuzeitlicher Spiritualität einzuordnen versucht.

4. Die spirituelle Gestalt Hildegards Burjans als Beispiel neuzeitlicher Spiritualität

Wir haben gesehen, die Spiritualität Hildegard Burjans ist geprägt (1) durch eine – wenn ihr auch selbst wohl nicht bewusste – Beeinflussung durch die jüdisch messianische Idee und den daraus resultierenden Vorrang der Praxis, speziell des sozialen Wirkens; (2) durch eine Reihe von unaufgelösten Spannungen, die sie schmerzlich in ihrem Leben durchzustehen hatte. In beiderlei Hinsicht liefert Hildegard Burjan wichtige Beiträge zu einer spezifisch neuzeitlichen Spiritualität.

Zum Ersten: Ein wesentlicher Faktor gegenwärtigen Glaubensverständnisses ist die „Neuentdeckung" bzw. bewusstere Verankerung des christlichen Glaubens im Judentum, im Alten Testament. Allzu lange wurde viel zu wenig beachtet, dass – wie Paulus sagt – der Wurzelstock des Christentums das auserwählte Volk Israel, „Gottes erste Liebe", ist. Durch dieses Vergessen hat der christliche Glaube viel vom Erdgeruch des Alten Testaments verloren: Man bezog die messianischen Verheißungen ausschließlich auf den jenseitigen Himmel und spiritualisierte sie damit, die Gemeinschafts- und Solidaritätsstruktur alttestamentlichen Glaubens wurde zugunsten einer übertriebenen Individualisierung relativiert. Man übersah vielfach, dass Gott ein *Volk* zum Heil führen will und darin dann auch den Einzelnen, aber nicht den Einzelnen und dann noch sein Volk. Viele Christen vergaßen unter der Devise „Rette deine Seele!", dass die Verheißungen Gottes dieser unserer Welt gelten und dass es sich darum lohnt, ja dass es Auftrag und Verpflichtung der Glaubenden ist, sich auf sie engagiert einzulassen.

Demgegenüber hat die Wiederentdeckung der normativen Bedeutung des Alten Testaments und des jüdischen Volkes zu den

Kennzeichen einer gegenwärtigen Spiritualität zu gehören, welche die Erde liebt, gerade weil diese unter der Verheißung messianischen Heils steht. So gesehen stellt das, was als „das Jüdische" an Hildegard Burjan zu spüren ist: ihre pointierte und bleibende „Erdung" (ihre solidarische Verantwortung für das, was in der Welt geschieht, ihr soziales und politisches Engagement für größere Gerechtigkeit in der Öffentlichkeit, ihr Eingehen auf die Probleme der Gesellschaft und dabei ein unverdrossenes Vertrauen in Gottes Führung), einen wichtigen Faktor und Impuls für die Spiritualität der Gegenwart dar.

Damit ist der Primat der Praxis eng verbunden. Dieser zeigt sich natürlich nicht nur bei Hildegard Burjan, er ist ihr gemeinsam mit einer Reihe von geistlichen Gestalten der Gegenwart. Alle teilen hier die Überzeugung, dass sich erst im Tun der Glaube bewahrheitet und glaubwürdig weitergegeben werden kann. Paul M. Zulehner formuliert das so: „An der Praxis der Christen ... kann man zurückbuchstabieren, an was für einen Gott wir glauben. ... Durch unsere Taten betreiben wir Exegese Gottes. Wir legen ihn aus, wir interpretieren ihn auf der Bühne dieser Welt. ... [Spirituelle Menschen] machen nicht Gottes-Worte, sondern sind Gottes-Orte. ... Das ist eine Grundthese für die gegenwärtige Lage der Kirche."[151]

Und eben das ist auch ein Grundzug gegenwärtiger Spiritualität, wie wir ihn bei Hildegard Burjan finden und wie sie ihn uns stimulierend weitergibt: mitten im Leben stehen, offene Augen und Ohren haben für die Nöte der Gegenwart, diese Welt als die entscheidende Herausforderung für die Praxis des Glaubens verstehen. Mit dieser Grundhaltung hat sie schon damals Impulse des Zweiten Vatikanischen Konzils vorweggenommen. In der „Konstitution über die Kirche" heißt es nämlich, dass die Christen die Aufgabe haben, ihre Hoffnung „in den Strukturen des Weltlebens auszudrücken". Durch ihr Tun soll hier und heute „die Erneuerung der Welt auf reale Weise vorweggenommen werden" (LG 35). Die Geschichte ist deshalb sowohl der „Vorraum", in welchem sich durch uns und mit uns bereits „eine umrisshafte Vorstellung von der künftigen Welt" zu verwirklichen hat, als auch das „Material", das der Mensch bereiten soll, um es einzubringen in das jenseitige himmlische Reich (GS 38, 39). So soll also durch christlich-messianische *Praxis* schon jetzt ein Vorschein des kommenden Reiches Gottes, des Reiches der Gerechtigkeit und des Friedens, auf diese unsere Welt fallen. „Daraus wird klar, dass die christliche Botschaft die Menschen nicht vom Aufbau der Welt ablenkt, noch zur Vernachlässigung des Wohls ihrer Mitmenschen hintreibt, sondern sie vielmehr strenger zur Bewältigung dieser Aufgaben verpflichtet" (GS 43).

Das, was in diesen konziliaren Aussagen *lehrmäßig* zum Ausdruck gebracht wird, hat Hildegard Burjan *gelebt und in eine spirituelle Praxis und Lebensgestalt gebracht*, die noch längst nicht die Mehrzahl der Christen erreicht hat und uns somit durch sie als noch unabgegoltener Impuls geschenkt ist.

Zum Zweiten: Es gab wohl keine Epoche der Kirchen- und Glaubensgeschichte, in der Christen ihren Glauben ohne Spannungen, harmonisch und nach allen Seiten hin abgerundet leben konnten. Doch war es vermutlich in relativ einheitlichen und geschlossenen Kulturen (wie z. B. im Mittelalter) leichter, Spannungspole und Widersprüche in eine gewisse Synthese zu bringen oder sie wenigstens im Lebensvollzug zusammenzuhalten. Das ist heute ganz anders. Es ist geradezu ein Kennzeichen unserer modernen Gesellschaft, dass jeder – ob Glaubender oder Nichtglaubender – in gegensätzlichen Dimensionen, gewissermaßen in unterschiedlichen, kaum auf einen Nenner zu bringenden Welten leben muss. Dadurch ist das Leben radikal segmentiert, und jedes Segment erwartet von uns ein ganz unterschiedliches Rollenspiel, d. h. unterschiedliche

Verhaltensweisen, Reaktionsmuster, Sprachspiele usw., je nach dem, in welcher „Welt" wir uns gerade bewegen, in der Welt der Familie, des Berufs, der Politik, der Freizeit, der Kirche … All das ist auseinandergebrochen, fügt sich nicht mehr zu einem Ganzen zusammen; die Wirklichkeit ist pluralisiert, aufgespalten in eine Vielheit unterschiedlichster „Welten".

Damit hängt zusammen, dass es in diesen vielen „Welten" unserer Gesellschaft auch so viele individuelle Entscheidungsmöglichkeiten gibt wie nie zuvor. Entscheidungsmöglichkeiten bedeuten zugleich aber auch Entscheidungszwänge: Ich *muss* aus der Überfülle von Möglichkeiten, die mir entgegenkommen, wählen. Die eigene Biographie wird damit weithin zu einer Wahlbiographie. In diesem Sinn ist der heutige Mensch – wie Soziologen sagen – „zur Individualisierung verdammt" (U. Beck/E. Beck-Gernsheim). Und diese Individualisierung geschieht nicht durch eine einzige Grundwahl, die dann alle Bereiche des Lebens durchdringt, sondern durch eine ganze Reihe von Wahlen, Wahlen in einem unabsehbaren Plural.

Damit aber in dieser komplexen Lage eine wahrhaft persönliche, einmalige Gestaltung des eigenen Lebensweges gelingt, bedarf es einer sehr starken Identität. Denn es ist nicht mehr wie früher, wo es für die Wahlentscheidung zur eigenen Lebensgestaltung überlieferte, allseits anerkannte Prinzipien und Leitlinien gab. Und die Entscheidungen sind immer komplexer und komplizierter geworden. Zu Recht hält Eva-Maria Faber fest:

Es müssen „verschiedene, sehr verschiedene Lebensbereiche, ja Lebenswelten zusammengehalten werden. Jeder und jede Einzelne muss selbst dafür sorgen, aus dem eigenen Leben doch ein Ganzes werden zu lassen. Wenn dies nicht gelingt, wird aus der Wahlbiographie eine Bruchbiographie. Damit dies gelingt, braucht es eine starke Freiheit, eine starke Identität – und die scheint oft zu fehlen. Es ist festzustellen, dass viele Menschen mit ihrer größeren Freiheit und den vielen Wahlmöglichkeiten nicht fertig werden. Es gibt dann verschiedene Lösungen. Manche verschreiben sich einer bestimmten Gruppierung, die mit ihrem möglichst eindeutigen und nicht mehr hinterfragten Programm das Leben weitgehend reglementiert. Gerade junge Leute neigen heute wieder sehr zu solchen ‚fundamentalistischen‘ Lösungen. Andere lassen sich einfach von einer Lebenswelt zur anderen treiben, passen sich überall an. Gewählt wird das, was jeweils am meisten ‚Spaß‘ macht (Spaßgesellschaft), ohne zu fragen, ob es wirklich zum eigenen Leben passt.“ [152]

Statt in den Spannungen und Komplexitäten unserer heutigen Gesellschaft auf die eigene Berufung durch Gott zu hören und ihr in Freiheit zu entsprechen, passen sich viele jeweils an das Bequemere und allgemein Übliche an und verlieren dabei ihre eigene Seele. In dieser Problematik steht heute auch und gerade der Glaubende, der seinen Glauben angesichts des Aufgespaltenseins der Wirklichkeit in eine Vielzahl von Welten zu leben hat und dabei seine ganze Gebrochenheit erfährt. Es ist nicht mehr von vornherein klar, was es konkret bedeutet, den Glauben im Wirtschaftsleben, in der Politik, in der Freizeitwelt, am Arbeitsplatz zu praktizieren. Und wie man seinen Glauben in der Kirche, in der Familie, in der Schule, im Urlaub lebt, ist oft total verschieden vom Glaubensengagement in den öffentlichen Bereichen, wenn es denn ein solches Engagement überhaupt gibt.

Es ist nun eine spirituelle Aufgabe allerhöchsten Ranges, die Spannungen, ja die Zerrissenheit, durch die unsere gegenwärtige Zeitsituation charakterisiert ist, nicht zu verdrängen und sich als Glaubender nicht in ein einzelnes Segment zurückzuziehen oder in eine nur scheinbar heile Welt, etwa in eine „fromme Kuschel-ecke" zu flüchten. Es gilt vielmehr, den vorgegebenen Pluralismus und die damit gegebenen Spannungen auszuhalten, vielleicht sogar auszuleiden, sie jedenfalls nicht aufzulösen zugunsten *eines* Span-nungspols. Die Spannungen sind zusammenzuhalten *im Glauben*, dass Gott selbst es ist, der in der ganzen zerreißenden Pluralität un-seres Lebens die Einheit garantiert und sie tiefinnerlich wirkt, und *in der Hoffnung*, dass Gott selbst zuletzt die Auflösung der Ecken und Kanten, der Spannungen und Widersprüche unseres Lebens herbeiführen wird.

Genau so hat sich Hildegard Burjan verhalten. Sie hat – wie aus-geführt – in vielfacher Hinsicht tiefgreifende Spannungen in der Verwirklichung ihres Glaubens erfahren, hat sie aber nicht ver-drängt oder zugunsten eines Pols aufgelöst, sondern im ständigen Hören auf den Ruf Gottes durchlebt und durchlitten. Genau so wie sie ein Leben mit ständigen Schmerzen und Augenblicken tiefster „Gottesfinsternis" angenommen und durchgetragen hat. Durch solche Erfahrungen ist sie zur beispielhaften Gestalt eines wahr-haften Christen in den Herausforderungen der Gegenwart geführt worden. Diese Gestalt überzeugenden Christseins in der heutigen Welt entwirft sie ihren Schwestern gegenüber am „Ideal" eines So-zialarbeiters –, vermutlich ohne zu merken, dass und wie sehr sie darin unübersehbar bis in Einzelheiten hinein ein Bild ihrer selbst zeichnet:

> „Sie [die idealen Sozialarbeiter] wollen nicht nach außen ihre Ar-mut, ihr Anderssein als die übrigen Sterblichen betonen. Aber sie opfern, obwohl sie ihren sozialen Verhältnissen nach eine glän-zende Rolle spielen könnten, wahrhaft alles, sie leben in der Welt, haben den besten Einfluss auf die Welt und helfen mit Liebe und Freude und Sonnenschein. Wo sie hinkommen, werden die Men-

schen, ohne große Probleme zu lösen, fröhlicher, Unglückliche werden glücklich, viel materielles Elend wird gelindert, und was das Wichtigste ist: sie führen die Abgeirrten wahrhaft zu Gott zurück, weil sie selbst natürliche Menschen geblieben sind, ihre Forderungen nicht überspitzen, die Schutzbefohlenen nicht beschämen, indem sie ihnen zeigen, wie unvollkommen sie sind, sondern indem sie diese Gottes Liebe und seinen Geboten näherführen und in ihnen Freude am religiösen Leben und Dankbarkeit gegen Gottes Güte erwecken. Solche Menschen predigen durch ihr ganz schlichtes Beispiel, und Gott ist mit ihnen."[153]

In all dem kann sie Leitgestalt einer spezifisch heutigen Spiritualität sein. Und vielleicht darf man gerade auch ihre letzten Worte „Gott – schön!" auf dem Hintergrund dieses ihres äußerst spannungsreichen Lebens verstehen. Denn eine knappe Definition von Schönheit lautet: Harmonie in und aus Spannungen. Eine solche spannungsreiche Harmonie kann aber letztlich nur Gott selbst, der Ur-Schöne erwirken. Solange wir auf dieser Welt leben, haben wir Spannungen oft sehr unharmonisch und „unschön" auszuhalten – in der Hoffnung auf eine endgültige, uns von ihm verheißene Schönheit, die alle Erwartungen und Sehnsüchte sprengt.

5. Fußspuren

Zu den Lieblingsgedichten von Hildegard Burjan gehörte der „Psalm of Life" des amerikanischen Dichters Henry Longfellows. „Mit innigem Ausdruck – so formuliert es die langjährige Mitarbeiterin Irmgard Burjan-Domanig – konnte sie besonders diese Verse [auf Englisch] zitieren"[154]:

> „Das Leben großer Menschen erinnert uns daran,
> dass Großes aus unserem Leben werden kann
> und dass, nach unserem Scheiden von hier,
> wir Fußspuren im Sand der Zeit hinterlassen können,
> Fußspuren, … die vielleicht ein schiffbrüchiger Bruder findet
> und neuen Mut fassen kann."

Auch das spirituelle Leitbild, das Hildegard Burjan hinterlässt, ist eine „Fußspur zum Mutfassen", ein – wie es in dem im Vorwort erwähnten Ökumenischen Dokument heißt – „helfendes Vorbild", uns angeboten …

Anmerkungen

1 Früher schrieb man ihren Namen „Burian". In Zitaten aus Schriften, die diese ältere Namensform gebrauchen, wurde um der Einheitlichkeit willen grundsätzlich die neuere Schreibweise angewandt, bei bibliographischen Angaben hingegen wurde die ursprüngliche Schreibweise belassen.

2 Burjan-Domanig 7.

3 Auch diese Szene ist uns durch Irmgard Burjan-Domanig 8 überliefert; der angeführte Text ist, geringfügig gekürzt, von ihr übernommen. – Bei den Schwestern handelte es sich vermutlich um Borromäerinnen (die einzigen katholischen Schwestern damals in Görlitz), die auch im Krankenpflegedienst tätig und deswegen – wenigstens gelegentlich – weißgewandet waren. Auskunft von Prälat Peter C. Birkner.

4 Burjan-Domanig 9.

5 Burian, Reden 124f.

6 Burian, Gedankengut 229.

7 Burian, Reden 124f.

8 Waach 19f.

9 Vgl. z. B. Fr. W. Foerster, Schule und Charakter. Moralpädagogische Probleme des Schullebens, Zürich [11]1912, 23, 188.

10 R. Saitschik, Die Brücke zum Menschen, Darmstadt [2]1931, 403f.

11 Dieser und der folgende Auszug aus dem Tagebuch findet sich bei Burjan-Domanig 11.

12 Burian, Gedankengut 116.

13 Die Dissertation wurde nie veröffentlicht. Zu den Gründen dafür siehe Bosmans 21f; Kronthaler 23f. Deshalb erlangte ihre Promotion auch keine Rechtskraft. Weshalb sie sich dennoch berechtigt fühlte, den Doktor-Titel zu führen, wird bei Bosmans 22 näher begründet.

14 So geben Zeitzeugen übereinstimmend die entsprechenden Äußerungen von Hildegard Burjan wieder. Dies wird im einzelnen bei Kronthaler 25 und Bosmans 23 belegt.

15 zit. bei Bosmans 23.

16 Burian, Caritasjahr 72.

17 ebd. 39.

18 zit. bei Waach 32f.

19 Aus einem Brief von Alexander Burjan, hier zit. bei Bosmans 26.

20 Zum Vorwurf, sie habe dadurch ihre Pflichten als Mutter hintange-
    stellt, zumal sie die nicht leicht zu erziehende Lisa bald zur Erzie-
    hung in das Dominikanerinnen-Internat nach Hacking abgegeben
    habe, siehe Waach 36f, 136f; Burjan-Domanig 27; Kronthaler 27.
    Tatsächlich bekannte Hildegard Burjan auf dem Totenbett: „An Lisa
    habe ich versagt": zit. bei Schödl 191.

21 Burian, Reden 61.

22 So hieß es in einer zeitgenössischen Empfehlung des Bischöflichen
    Ordinariats Brixen.

23 Burian, Reden 51. Siehe auch Burian, Gedankengut 127f.

24 ebd.136.

25 ebd. 106f.

26 Burian, Caritasjahr 18.

27 ebd. 24.

28 Burian, Gedankengut 123.

29 Burian, Reden 10.

30 ebd. 118f. 126.

31 zit. bei Kronthaler, Sozialengagement 40.

32 Ebd. 115.

33 Vgl. dazu die umfassende Monographie von Kronthaler, besonders
    ab S. 119.

34 Einzelheiten zu ihrer parlamentarischen Tätigkeit bei Kronthaler
    169–185.

35 zit. bei Kronthaler 169.

36 Vgl. Waach 36.

37 Für Nichtösterreicher: Gemeint ist das, was in Deutschland „Frak-
    tionsdisziplin" heißt, wonach Abgeordnete in nicht seltenen Fällen,
    auch wenn sie anderer Meinung sind, mit der Mehrheit der Fraktion
    abzustimmen haben.

38 Darauf hebt vor allem Irmgard Burjan-Domanig ab: Hildegard sei
    zur Erkenntnis gekommen, dass der Antisemitismus in der eigenen,
    christlichsozialen Partei so tief eingewurzelt sei, dass aus ihrer Par-
    lamentsarbeit für Ignaz Seipel, den sie über alles schätzte, Schwie-
    rigkeiten entstehen könnten. Siehe auch Kronthaler 219.

39 Siehe S. Feigl, Politikerinnen in Wien. 1848–2000, Wien 2000, 28.

40 Burjan-Domanig 68.

41 zit. bei Kronthaler 225.

42 Burian, Caritasjahr 48.

43 ebd. 24.

44 Burian, Gedankengut 201.

45 ebd. 10.

46 ebd. 201; dies., Caritasjahr 9.

47 zit. bei Burjan-Domanig 52.

48 Burian, Caritasjahr 38.

49 Burian, Gedankengut 190.

50 ebd. 18.

51 Burian, Caritasjahr 7.

52 zit. Koblbauer 83.

53 Kardinal Piffl in einem Artikel in der „Sozialen Hilfe" von 1932, hier zit. Koblbauer 97.

54 Diese Grundhaltung des „Ratholens" war vielleicht auch der Grund, dass sie in die CS die Verehrung der „Mutter Gottes vom Guten Rat" einführte.

55 ebd. 19

56 Seipel wollte „etwas Freies, Loses, durch keine Statuten, keine Bestimmungen, keine Verpflichtungen Eingeengtes". Er glaubte, „dass es keiner äußeren Form bedürfe für Menschen, deren Sehnsucht es ist, die Liebe Christi unter die armen Menschen zu tragen", so fasst Hildegard Burjan selbst die Differenz zu Seipel auf einer Generalversammlung der CS zusammen. Siehe Kronthaler 230.

57 Auch angesichts der neuen Entwicklung blieb Seipel, obwohl als Bundeskanzler außerordentlich beschäftigt, der CS und besonders Hildegard Burjan tief verbunden. Sie holte ständig seinen, er ihren Rat ein. Bei ihrem letzten Zusammentreffen sagte er zu ihr: „Ich habe keinen entscheidenden Schritt in meinem Leben getan ohne Ihren Rat und habe mir auch stets raten lassen": zit. Koblbauer 60. Nach seinem Tod 1932 überraschte Hildegard ihre Umgebung mit der Idee: „Ich muss dem Gedächtnis Seipels eine Kirche bauen, … durch die Menschen zum Glauben zurückgeführt werden. Eine Pfarrkirche in einem Arbeiterviertel. Das ist der Trost, den seine Seele verlangt!": Burjan-Domanig 154f; Kronthaler 269f. Dort auch Näheres zu diesem Kirchbau.

58   zit. bei Koblbauer 26.

59   Der Text bei Burjan-Domanig 142.

60   Alle Texte bei Kronthaler 177. Siehe auch die bei Koblbauer 89f
      dargestellte schlimme antisemitische Erfahrung Burjans.

61   ebd. 60.

62   ebd. 169.

63   Burjan-Domanig 12.

64   zit. bei Waach 126.

65   Burjan-Domanig 150f, 171.

66   zit. bei Bosmans 105.

67   Burjan-Domanig 168.

68   Die letzten Worte Hildegards finden sich bei Burjan-Domanig 164–
      173.

69   zit. bei Kronthaler 33.

70   Das Wort Spiritualität ist also ganz in der christlichen Tradition
      verwurzelt. Doch können wir augenblicklich beobachten, dass sich
      seit ungefähr einer Generation dieser Begriff von seinen religiösen
      Wurzeln losgelöst hat, wenn man z. B. von „ökologischer" oder
      „esoterischer" Spiritualität spricht.

71   Das trifft auch für Hildegard Burjan zu. Dabei ist gerade von ihren
      zahlreichen Briefen (bis zu 50 an einem Tag!) zu sagen, dass „kaum
      einer in wirklicher Muße verfasst [ist]. Den meisten sieht man an,
      dass sie zwischen den Geschäften in größter Eile geschrieben wur-
      den": Waach 98.

72   Siehe dazu Bosmans 24.

73   Eine integrale Darstellung ihres geistlichen Lebens entlang den Se-
      ligpreisungen hat A. Koblbauer versucht: Die Spiritualität der Die-
      nerin Gottes H. Burjan im Lichte der Bergpredigt, in: ders. (Hrg.),
      Hildegard Burjan – Charismatische Künderin sozialer Liebe, Wien
      1976, 20 – 56.

74   Einige wenige Hinweise dazu in einer Parallelisierung zwischen
      Hildegard Burjan und Edith Stein bei Gerl-Falkovitz, in: Schödl
      248f.

75   Waach 11.

76   Siehe dazu Schödl 104f.

77   Schödl 105.

78   ebd.

79 B. Hamann, Hitlers Wien. Lehrjahre eines Diktators, München-Zürich, ⁵2002, 213.

80 zit. bei Burjan-Domanig 12.

81 Aus den „Artikeln" des Informativprozesses, vorgel. v. A. Koblbauer, hier zit. bei Schödl. 57.

82 Burjan-Domanig 103.

83 ebd. 121. Diese „Methode" hat eine gewisse Ähnlichkeit mit der des Ignatius v. Loyola. Kein Wunder, dass Hildegard von Anfang an gerade mit Jesuiten intensiv zusammenarbeitete. So gehörten P. Lippert und P. F. X. Jungmann SJ zu ihren engsten Beratern; Letzterer reichte ihr auch auf dem Sterbebett die letzte Hl. Kommunion, gab ihr den Sterbesegen und nahm die erste Einsegnung vor.

84 Vgl. Kronthaler 35ff, 51ff.

85 Vgl. dazu H. Burian, Die Arbeit – ein Recht und eine Pflicht der Frau, in: Österreichische Frauenwelt 1914, 250ff. Ferner das Kapitel „Das Recht der Frau auf Arbeit", in: Kronthaler 84–87.

86 Siehe J. H. Schoeps (Hrg.), Neues Lexikon des Judentums, Gütersloh 2000, 265f.

87 zit. bei Waach 39f.

88 ebd. 39.

89 Zeugenaussage im Informativprozess im Hildegard-Burjan-Archiv unter Nr. 143, Epis. 25,

90 Burian, Gedankengut 196. – Bezeichnend ist auch ihr Wort bzgl. der „Caritas Socialis": „Es gibt viel besser ausgebildete Fürsorgerinnen, als wir sind. Das kann also unsere Stärke nicht ausmachen, unsere Stärke ist die Christusverbundenheit, dass wir Christus zu den Menschen tragen": ebd.

91 Burian, Caritasjahr 31.

92 Zeugenaussage im Informativprozess im Hildegard-Burjan-Archiv unter Nr. 143, GP 62.

93 Burian, Caritasjahr 23.

94 ebd. 24.

95 ebd. 48.

96 Burjan-Domanig 128.

97 Burian, Gedankengut 229.

98 So hat es Prälat Dr. Ignaz Seipel einmal formuliert. Siehe Schödl 175.

99   zit. bei Burjan-Domanig 138.

100 Burian, Caritasjahr 33.

101 Zur Leidens- und Kreuzeserfahrung von Hildegard Burjan siehe auch Waach 89, 126; Schödl 35, 72, 148, 151; Burjan-Domanig 19.

102 zit. bei Kronthaler 196.

103 Koblbauer 16f.

104 Burian, Gedankengut 131. – Siehe auch ihr Wort, „man müsse die Politik mit den christlichen Grundsätzen durchsetzen": zit. bei Kronthaler 153.

105 Burian, Reden 70.

106 „Die wahre Reform kann sich, wie das Christentum lehrt, nur im Innern des Menschen vollziehen. … Nur durch die sittliche Reform des Einzelwillens kann die Reform der Gesellschaft erfolgen": Burian, Gedankenspuren 240. Siehe auch dies., Gedankengut 121.

107 ebd. 119.

108 ebd. 89.

109 Die Heimarbeit 1914, 2, zit. bei Kronthaler 75.

110 Burian, Reden 69. Ein weiterer Grund ihrer Polemik gegen die Sozialdemokratie dürfte darin zu suchen sein, dass diese Christus und seine Kirche bekämpft: Siehe die Äußerungen bei Kronthaler. 83, 138.

111 Burian, Protokolle, Prot. 17, 5. Hervorhebung GG.

112 Burian, Protokolle, 29, 12.

113 Burian, Caritasjahr 39. Ähnlich Burian, Gedankengut 196. Auch zahlreiche Zeugenaussagen des Informativprozesses (im HBA vor allem unter Nr. 143) stellen heraus, dass es Hildegard vorrangig um die „Seelenrettung" ging.

114 Burian, Protokolle, Prot. 27, 6. Hervorhebung GG.

115 Burian, Caritasjahr 24.

116 Burian, Gedankengut 123.

117 zit. bei Schödl 96.

118 Gerl-Falkovitz 250.

119 So z. B. Burian, Caritasjahr 12: „Die CS will ihre Mitglieder und Schwestern wirklich seelisch vertiefen und religiös durchbilden, will die Not der Zeit lindern." Wie verhält sich aber beides zueinander? Eine gewisse Vermittlung deutet sich im folgenden Text an: „Die Aufgabe der CS ist, innerlich durchgebildete Menschen für soziale Arbeit zu erziehen …"

120 Burian, Gedankengut 29.

121 ebd. 15.

122 zit. bei Burjan-Domanig 143.

123 zit. M. Barbiero, Vita eucaristica e vita religiosa in St. Pierre-Julien Eymard (1811–1868), Verona 1991, 217.

124 Brief 575.

125 Brief 199. Ähnlich Lautendes in vielen anderen Briefen, z. B. 23, 154.

126 Burian, Rundbriefe 50.

127 Burian, Gedankengut 175.

128 Siehe Koblbauer 69.

129 zit. ebd. 68.

130 Waach 35, 84.

131 zit. bei Burjan-Domanig 167.

132 ebd. 57. Auf der gleichen Linie liegt es, dass sie ihren – übrigens recht strengen – Beichtvater „Papi" nennen kann und ihm bedingungslos gehorchte.

133 Burian, Protokolle, RB 4,4.

134 Zulehner 31.

135 ebd. 146, 150.

136 Burian, Caritasjahr 10.

137 Schödl 186.

138 Burian, Brief 350.

139 Burian, Gedankengut 228.

140 Burian, Caritasjahr 45f.

141 Schödl 29.

142 zit. bei Burjan-Domanig 138.

143 ebd. 62.

144 Die Antwort, die sie sich selber auf diese Probleme gab, lautete: All das verlangt von mir, „dass ich die erneuten Kräfte und die verlängerte Lebenszeit zu doppelter Arbeit für ihn (Gott) benütze": zit bei Burjan-Domanig 63.

145 „Für eine bescheidenere Haushaltsführung war … Alexander Burjan nicht zu gewinnen. Er liebte auch reichliches und gutes Essen, und jeder Mäßigungsvorschlag wurde mit einem unwirschen ‚Wir sind hier in keinem Kloster!' hinweggefegt": Schödl 28. Siehe auch Waach 14f.

146 Schödl 192.

147 Vgl. S. 54.

148 Burian, Gedankengut 195.

149 zit. bei Schödl 191. Konkret ging es um die Situation der Scheidung und kirchlichen Ungültigkeitserklärung der kurz zuvor mit riesigem Aufwand gefeierten Ehe ihrer Tochter Lisa, die daraus resultierende öffentliche Aufregung und der gesellschaftliche Klatsch, der über sie einbrach.

150 zit. bei Burjan-Domanig 162.

151 Zulehner 33f.

152 E.-M. Faber, Mit Würde und Freimut, Vortrag auf der Jahresversammlung vom 12.5.2001: Bündnerinnen und Bündner für eine glaubwürdige Kirche, Chur 2001, 7.

153 Burian, Brief 470 in: Gedankengut 112f.

154 Englischer Text bei Burjan-Domanig 144, freie deutsche Übertragung GG.

Bibliographie

Quellen

„Artikel" des Informativprozesses, vorgelegt von A. Koblbauer (Hilde-
    gard-Burjan-Archiv, Wien).
Burian, H., Briefe (Hildegard-Burjan-Archiv, Wien).
Burjan, H., Caritasjahr [stenographierte Nachschrift von Vorträgen], Ei-
    genverlag der CS, Wien 1968.
Burjan, H., Reden und Schriften. Quellen zum Studium der Gründerin
    der CS, Dr. H. Burian 1883–1933, Teil I, 1912–1918, Eigenverlag
    CS, Wien 1970.
Caritas Socialis, Protokolle [von Generalversammlungen und Sitzungen
    der CS] 1920–1934, als Manuskript veröffentlicht, Wien 1975.
Gedankengut Hildegard Burjans [verschiedene Äußerungen H. Burjans],
    in: Koblbauer, A. (Hrg.), Hildegard Burian, Charismatische Künde-
    rin sozialer Liebe, Eigenverlag der CS, Wien 1976, 105–234.
Gedankenspuren [verschiedene Äußerungen H. Burjans], in: Schödl, I.,
    Zwischen Politik und Kirche – Hildegard Burjan, Mödling 2000,
    238–242.
Zeugenaussagen aus dem Informativprozess (Hildegard-Burjan-Archiv,
    Wien).

*Viele weitere Texte sowie Überlieferungen von Ereignissen aus dem Leben
H. Burjans sind vor allem in folgenden Biographien zu finden:*

Burjan-Domanig, L, Hildegard Burjan. Eine Frau der sozialen Tat, Selbst-
    verlag CS, Wien o.J. (=1966).
Kronthaler, M., Die Frauenfrage als treibende Kraft. Hildegard Burjans
    innovative Rolle im Sozialkatholizismus und Politischen Katholi-
    zismus vom Ende der Monarchie bis zur „Selbstausschaltung" des
    Parlaments, Graz-Wien-Köln 1995.

Weitere Sekundärliteratur

Bosmans, L., Hildegard Burian. Leben und Werk, Wien 1973.

Feigl, S., Politikerinnen in Wien. 1848–2000, Wien 2000.

Gerl-Falkovitz, H.B., Kleine Anmerkungen zu Hildegard Burjan, in: I. Schödl, Zwischen Politik und Kirche – Hildegard Burjan, Mödling 2000, 243–255.

—, Mystik, Emanzipation, Politik: Hildegard Burjan (1883–1933), in: Handeln aus der Kraft des Glaubens, Eigenverlag der CS, Wien 2004, 11–26.

Greshake G., Spiritualität heute. Die spirituelle Gestalt Hildegard Burjans, Selbstverlag CS, Wien 2003.

Koblbauer, A. (Hrg.), Hildegard Burian, Charismatische Künderin sozialer Liebe, Eigenverlag der CS, Wien 1976.

Kronthaler, M., Hildegard Burjans christliches Sozialengagement im Spiegel kirchlicher Sozialaussagen, in: Handeln aus der Kraft des Glaubens, Eigenverlag der CS, Wien 2004, 29–45.

Schödl, I., Zwischen Politik und Kirche – Hildegard Burjan, Mödling 2000.

Tappeiner, M.E., Hildegard Burjan. Der geistig-religiöse Hintergrund ihrer Sozialarbeit, unveröfftl. Liz. Arbeit, Rom, Gregoriana 1988/89.

Waach, H., Ein Pionier der Nächstenliebe. Hildegard Burjan. Skizze eines großen Lebens, Wien 1958.

Zulehner, P.M. / Keller, A. (Hrg.), Von der Sprengkraft der Mystik am Beispiel Hildegard Burjans, Wien 1989.

Die „Caritas Socialis" heute

Die Caritas Socialis (siehe dazu S. 41) ist bis heute das wichtigste Vermächtnis von Hildegard Burjan an Kirche und Gesellschaft. Im Jahr 1936, also nach dem Tod Hildegards, wurde die Gemeinschaft von Kardinal Innitzer als Schwesternvereinigung auf Diözesanebene „offiziell" anerkannt; im Jahr 1960 folgte die päpstliche Anerkennung, die nach einer Überarbeitung der „Bestimmungen" in den Jahren 1963 und 1983 wiederholt wurde. Seither hat die CS als „Gemeinschaft apostolischen Lebens" ihren festen Platz in der katholischen Kirche.

Ihre Arbeitsgebiete sind vielfältig. Diese orientieren sich sowohl an den Fähigkeiten der einzelnen Schwestern, als auch vor allem – ganz auf der Linie der Weisung Hildegard Burjans, die jeweilige „Not der Zeit an der Wurzel zu packen" – an den sich stets ändernden, vielfältigen Nöten der Menschen. Hier ist die CS vorrangig an drängenden sozialen Brennpunkten tätig: Sie engagiert sich u. a. für schwangere und alleinerziehende Mütter in Konfliktsituationen sowie für hochbetagte, chronisch kranke und pflegebedürftige Menschen; sie ist tätig in der Krankenhaus- und Pflegeheimseelsorge, in der Bahnhofsmission sowie in Beratungsdiensten. Überall wird hier Hilfe, Unterstützung und Betreuung vom Beginn bis zum Ende des Lebens angeboten. Vor allem war und ist die CS maßgeblich beteiligt am Aufbau der Hospizarbeit in Österreich. Daneben haben einige Schwestern ihren Platz in der Erwachsenenbildung, in der geistlichen Begleitung sowie in der Exerzitienarbeit. Derzeit sind Schwestern in Österreich, Deutschland, Italien, Ungarn und Brasilien tätig.

Schon von Anfang an gab es unterschiedliche Formen der Zugehörigkeit zur CS: Neben den Schwestern identifizieren sich mit der „Idee" der Caritas Socialis auch die Mitglieder des sogenannten „Säkularkreises", die ihre Bindung an die CS als einzelne in ihrem jeweiligen Umfeld leben und hier das Programmwort Hildegard Burjans „Die Liebe Christi drängt uns" (2 Kor 5,14) verwirklichen wollen. Ferner gibt es den unterstützenden Freundeskreis und – vor allem – die immer mehr anwachsende Zahl von Mitarbeitern in den verschiedenen sozialen Werken.

Viele dieser Einrichtungen werden institutionell von der Privatstiftung Caritas Socialis getragen, die wirtschaftlich und fachlich kompetent nach dem Leitbild der CS tätig ist. Die Caritas Socialis betreibt derzeit in Wien drei Pflege- und Sozialzentren für die Pflege und Betreuung älterer und chronisch kranker Menschen, angefangen von der Betreuung zu Hause über Alzheimer- und Multiple Sklerose-Tageszentren bis hin zu Wohngemeinschaften für Demenzkranke und Einrichtungen der stationären Pflege (mit Spezialstationen für Demenz und Multiple Sklerose). Ferner führt die CS Kindergärten und -horte sowie – nicht zuletzt! – das mobile und stationäre Hospiz Rennweg. In all diesen Einrichtungen arbeiten mehr als 700 hauptamtliche und viele ehrenamtliche Mitarbeiter und Mitarbeiterinnen, die zusammen mit den Schwestern caritas socialis = Liebe, die das öffentliche, gesellschaftliche Leben ergreifen und prägen soll, zu verwirklichen suchen.